Protokoll-führung im Betrieb

wahr—knapp—klar

Von Heinrich Gassmann

Taylorix Fachverlag Stuttgart

Taylorix-Wirtschafts-Taschenbücher für Betriebspraxis und Berufserfolg

 Band 14

4. Auflage 1987

Lizenzausgabe für die Bundesrepublik Deutschland
© 1971 Verlag des Schweizerischen Kaufmännischen Verbandes, Zürich
Druck: Aargauer Tagblatt AG, Aarau
Einband: Grossbuchbinderei Hch. Weber AG, Winterthur
Umschlaggrafik: August Bingesser, Egg/ZH
ISBN 3-7992-0081-9 (Taylorix Fachverlag)
ISBN 3-286-00144-9 (Verlag des Schweiz. Kfm. Verbandes)
Taylorix-Bestellnummer: 2122.0

Inhalt

Vorwort

In Dutzenden von Kursen habe ich immer wieder feststellen müssen, dass selbst die Damen und Herren, welche die deutsche Sprache gut beherrschten und die Fähigkeit besassen, auch anspruchsvolle Geschäftsbriefe stilistisch gewandt zu schreiben, ausnahmslos grosse Mühe bekundeten, wenn sie ein Protokoll abfassen mussten. Sie fühlten sich unsicher und waren unbeholfen, weil sie die Protokollführung nirgends gelernt hatten. Sie bemerkten selber, dass ihre Arbeiten nicht gut waren, wussten aber nicht, woran es lag.

Mit diesem Büchlein will ich Ihnen allen, die Sie Verhandlungen zusammenfassen müssen, die bisher vermisste Sicherheit geben. Ich werde Ihnen zeigen, wie Sie vorgehen und welche Fehler Sie vermeiden sollen. Zur Übung allerdings, die den Meister erst ausmacht, muss Ihnen die Praxis verhelfen.

Sie werden viele Übungen aus der Wirtschafts- und Verwaltungspraxis vorfinden. Wenn Sie aus diesem Lehrgang Nutzen ziehen wollen, werden Sie diese lösen und erst nachher die von mir vorgeschlagene Fassung heranziehen.

Der Verfasser

Vorbemerkung

In jeder grösseren Unternehmung werden verschiedene Arten von Protokollen geschrieben.

Die Tatbestandsprotokolle über Versuche, Unfälle, Betriebsabläufe, Besichtigungen usw. verfasst der Sachbearbeiter; sie werden hier deshalb nicht berücksichtigt. Die Sekretärin und der Direktionssekretär werden fast durchwegs nur zur Aufnahme von *Verhandlungsprotokollen* herangezogen. Mit ihnen befasst sich dieses Büchlein ausschliesslich.

Da es aus technischen Gründen leider nicht möglich ist, Sie Protokolle auf Grund von tatsächlichen Verhandlungen ausarbeiten zu lassen, beschränken sich die Übungen im Schlussteil grösstenteils auf das Zusammenfassen von Zeitungsartikeln. Trotzdem können Ihnen die zum Teil recht schwierigen Aufgaben zu einer guten Protokollpraxis verhelfen.

Zwei Personen haben sich um dieses Büchlein sehr verdient gemacht: Fräulein Susann Küng, eidgenössisch dipl. Direktionssekretärin, die den Inhalt mit manchem nützlichen Hinweis bereichert hat, und Herr Dr. Walter Winkler, der das Manuskript in stilistischer Hinsicht durchgesehen hat. Beiden danke ich auch an dieser Stelle herzlich für die Mitarbeit.

Der Verfasser

1 Aufgaben und Auswertung der Protokolle

Die schriftliche Zusammenfassung einer Verhandlung heisst Protokoll; protokollieren bedeutet demnach, den Verhandlungsablauf einer Sitzung mehr oder weniger zusammengefasst wiedergeben.

Begriff *Protokoll* laut Dudens Etymologie:
Ein Wort aus der Rechts- und Kanzleisprache, das in deutschen Texten seit dem 16. Jahrhundert reichlich bezeugt ist. Es geht auf mittellateinisch «protocollum» und weiter auf mittelgriechisch «proto-kollon» zurück. Dies ist eine zusammengesetzte Bildung zu griechisch «protos» (der erste) und «kolla» (Leim) und bezeichnet ursprünglich eigentlich ein den amtlichen Papyrusrollen vorgeleimtes Blatt mit chronologischen Angaben über Entstehung und Verfasser des Papyrus. Danach wurde es zur Bezeichnung für die chronologische Angaben enthaltenden Titelblätter von Notariats- oder Gerichtsurkunden.

1.1 Wozu können Protokolle dienen?

Sie können verwendet werden als
1.1.1 Urkunde
1.1.2 Beweismittel
1.1.3 Sitzungsunterlage
1.1.4 Information
1.1.5 Dokumentation
Wer sich entschlossen hat, das Amt eines Protokollführers zu übernehmen, muss — bevor er an die Arbeit geht — zuerst gründlich abklären, wozu das Protokoll dienen soll, denn Form und Ausführlichkeit seiner Berichte müssen sich ausschliesslich danach richten. Sehen wir uns deshalb die verschiedenen Funktionen des Protokolls näher an.

1.1.1 Das Protokoll als Urkunde

Einige wenige, aber besonders wichtige Protokolle dienen als *urkundliche Grundlage* für Rechtsgeschäfte,

z. B. für Handelsregistereintragung von Gründungen,
Umwandlungen oder Auflösung von Gesellschaften oder Stiftungen,
Statutenänderungen,
Unterschriftsberechtigungen usw.

1.1.2 Das Protokoll als Beweismittel

Betriebsintern sind die Protokolle ein wichtiges Beweismittel

für die Rechtsgültigkeit der Beschlüsse,
für die Erteilung von Aufträgen und Kompetenzen,
für die Festlegung oder Entlastung von Verantwortlichkeiten,
für die Rechtsgültigkeit von Wahlen, Statutenänderungen usw.

Demzufolge dienen sie auch als wichtiges Dokument bei Anfechtungs- oder Verantwortlichkeitsprozessen, in denen es gilt, den Nachweis für pflichtbewusste oder nachlässige Geschäftsführung zu erbringen.

1.1.3 Das Protokoll als Sitzungsunterlage

Protokolle bilden die Grundlage für weitere Sitzungen und Verhandlungen, die auf den vorangegangenen aufbauen, häufig auch als Unterlage für den Geschäftsbericht, für Ausführungsbestimmungen, die Ausfertigung von Verträgen usw.

1.1.4 Das Protokoll als Information

Eine sehr wichtige Aufgabe des Protokolls ist es, *allen Interessierten,* die an der Sitzung *nicht teilgenommen haben,* aber von den Beschlüssen *betroffen werden oder* über die behandelten Sachgebiete *unterrichtet werden müssen,* Kenntnis zu geben. Diesem Belang wird in der Praxis häufig zu wenig Rechnung getragen. Man scheut sich davor, «Aussenstehenden» Einsicht in die Protokolle zu gewähren und überlässt die Berichterstattung deshalb lieber einem Sitzungsmitglied, das sie jedoch oft unterlässt oder nicht mit der nötigen Sachlichkeit vornimmt oder in unvollständiger oder veränderter Form weitergibt. Man denkt gar nicht daran, dass man den Betroffenen auch nur einen Auszug mit den sie interessierenden Stellen aushändigen kann, indem man den entsprechenden Text des Protokolls ausschneidet.

1.1.5 Das Protokoll als Dokumentation

In vielen Betrieben werden die Sitzungsberichte chronologisch gesammelt und jahrgangsweise gebunden oder in einem Ordner abgelegt. Das ist richtig, denn so können sie auf Jahre hinaus als dokumentarische Chronik nützliche Dienste leisten.

Chroniken sind aber meistens unübersichtlich. Wie erreichen wir trotzdem einen zweckentsprechenden Aufbau unserer Protokoll-Dokumentation?

1.2 Wie lassen sich Protokolle auswerten?

1.2.1 Ordnung nach Sachgebieten

Wenn man — was immer wieder notwendig ist — auf früher besprochene Fragen zurückgreifen muss, soll der Griff nach den entsprechenden Stellen ohne langes Suchen, ohne Durchlesen ganzer Protokolle oder Protokollserien möglich sein. Den wohl zweckmässigsten Aufbau der Dokumentation erreicht der Protokollführer, wenn er *die einseitig zu bedruckenden Sitzungsberichte zerschneidet und die Abschnitte nach Sachgebieten sammelt.* Mit dieser Sammlungsart gewinnen alle Beteiligten eine viel bessere Übersicht, weil sie nun auch *die Entwicklung auf den verschiedenen Sachgebieten chronologisch verfolgen können.*

Das Sammeln und Ordnen vollzieht sich rascher, wenn die Originalausschnitte auf die entsprechenden Blätter geklebt werden. Dann fallen auch Übertragungsfehler weg. Handschriftlich sind nur noch anzubringen: Datum der Verhandlung und — wenn nötig — der Ausschuss, der beraten hat.

Für eine solche Sammlung eignet sich ein *Ringbuch* am besten, mit einem Karton vor jedem neuen Sachgebiet und der genügenden Anzahl Blätter hinter jedem Deckblatt, oder — bei grösserem Umfang — eine Kartei, ebenfalls mit aufzuklebenden Ausschnitten und entsprechend zu beschriftenden Reitern auf Zwischenkarten.

Bevor Sie aber mit dem Anlegen einer thematisch geordneten Sammlung beginnen, müssen Sie sich allerdings zuerst gründlich überlegen, nach welchen Richtlinien die Gliederung geschehen soll. Damit diese Sammlung nicht zu umfangreich und damit unübersichtlich wird, werden in der Praxis unter dem entsprechenden Stichwort häufig nur die Beschlüsse gesammelt. Muss man wissen (was aber selten vorkommen wird), auf welchem Verhandlungsweg man dazu gekommen ist, kann man immer noch im ursprünglichen Verhandlungsprotokoll nachsehen.

Beispiel:

Merowina AG
Sammlung der Beschlüsse
Generalversammlung
Verwaltungsrat
1. Betriebsaufgaben
2. Finanzierung
3. Personalpolitik
4. Rechnungswesen
5. Statuten
6. Technischer Betrieb
7. Verwaltungsrat
8. ....

Beispiele gesammelter Beschlüsse:

---

zu 5: Artikel 25 der Statuten wird wie folgt abgeändert:
«Ein Vertreter der Direktion wohnt in der Regel den Sitzungen des Verwaltungsrates mit beratender Stimme bei.»
Generalversammlung vom 16. 3. 19 . .

zu 7: Der Verwaltungsrat konstituiert sich unverändert, mit Ausnahme des neugewählten Mitglieds Dr. Moser, der zum Vizepräsidenten ernannt wurde.
Verwaltungsratssitzung vom 18. 6. 19 . .

Nach völlig anderen Gesichtspunkten ist die Beschlusssammlung einer *Arbeitsgemeinschaft von Markenartikelproduzenten* aufgebaut:

1. Allgemeines und Grundsätze über die Zusammenarbeit im Rahmen der Arbeitsgemeinschaft
2. Ausverkaufsrabatte
3. Finanzielles — Beiträge
4. Demonstrationsmaterial
5. Gesunderhaltung des Markenartikels
6. Personaleinstellungen
7. Preise
8. Werbung — Reklame — Zugabewesen — Geschenke
9. Umsatzsteuer
10. Gewässerverschmutzung
11. Konsumenteninformation — Konsumentenschutz
12. Konditionen — Margen
13. Markenartikelpolitik — Kartellrecht — Warentests
14. Anderes

Beispiele gesammelter Beschlüsse:

zu 6: Die Firmen X, Y und Z sichern sich gegenseitig zu, dass sie kein kaufmännisches oder technisches Personal einstellen, das — gerechnet vom Tage der Bewerbung an — in den letzten 12 Monaten bei einer der beteiligten Firmen in einem festen Anstellungsverhältnis gestanden hat oder noch steht. (12. 9. 19 . .)

zu 7: Jedes Mitglied verpflichtet sich, Preisabschläge vier Wochen vor Inkrafttreten den übrigen Mitgliedern bekanntzugeben. (26. 10. 19 . .)

Wollen Sie aus bestimmten Gründen diese zusätzliche Arbeit einer thematisch geordneten Sammlung vermeiden, so sollten Sie mindestens eine *Sachkartei* führen und dort unter prägnanten Stichworten laufend die Protokollstellen anführen, die zu den betreffenden Gebieten etwas aussagen.
Diese Arbeit ist rascher getan, der spätere Zugriff zu den Informationen dafür aber zeitraubender.

Im vorangegangenen Beispiel stünde auf der Karteikarte «Personal» statt des Textes lediglich «12. 9. 19 . . . Seite 3».

1.2.2 Überwachung der Ausführung von Beschlüssen

Sitzungsberichte geben nicht nur an, was diskutiert und beschlossen wurde, sondern auch, *wer die Beschlüsse auszuführen hat und in welcher Frist das geschehen muss.* Es ist sicher eine weitere wichtige Aufgabe des Protokollführers, darüber zu wachen, dass alle Beauftragten die übertragenen Arbeiten in der ihnen eingeräumten Frist ausführen. Das kann er erreichen, indem er *für jeden Sitzungsteilnehmer eine Karte führt,* in die er jede *Aufgabe* mit der Frist einträgt. Ein Reiter kündigt den nächstfälligen Termin an.

Beispiel:

Jan	Feb	März	Apr	Mai	Juni	Juli	Aug	Sept	Okt	Nov	Dez

Protokoll	Chef Aussendienst	Termin	erledigt
8. 9. 19 . .	Prämiierungsvorschläge für 2. Runde	Frühjahr	X
13. 12. 19 . .	Abklären: Haben andere grosse Markenartikelfirmen ein «dynamisches Margensystem»?	Ende Februar	X
17. 1. 19 . .	Beschaffung von Diktiergeräten	Ende März	X
17. 1. 19 . .	Vertreterkonferenz mit Damen	Ende Mai	X
5. 4. 19 . .	Begründung Umsatzzunahme beim nichtorganisierten Handel	15. 4. 19 . .	X
20. 8. 19 . .	Vorschlag für Vertreterwettbewerb 1970 mit Verteilerschlüssel unterbreiten	Ende Oktober	

Nach Ablauf der Frist wird sich der Protokollführer erkundigen, ob der Auftrag ausgeführt worden ist. Ist das der Fall, so macht er einen entsprechenden Vermerk in der Spalte «erledigt» und versetzt den Reiter. Wurde der Auftrag vergessen, so ist der Mitarbeiter daran erinnert worden, und er wird notfalls so lange daran erinnert werden, bis er seiner Pflicht nachgekommen ist. Eine weitere Möglichkeit zur Überwachung der noch nicht erledigten Aufträge besteht darin, dass man dem Protokoll eine Aufgabenliste (Verzeichnis zu erledigender Aufgaben) in chronologischer Reihenfolge der Fälligkeiten anhängt, wobei die Liste nach jeder weiteren Konferenz mit den neuen Aufträgen ergänzt wird. Letzter Verhandlungspunkt jeder Konferenz wäre dann ein kurzer Bericht über die jeweils fälligen Aufträge. Diese Liste erinnert auch den Beauftragten immer wieder an die noch ausstehende Erledigung seiner Aufträge.

Beispiel:

Protokoll	Auftrag	Termin	Beauftragter
9. 1. 19 . .	Betriebsablauf neu prüfen	31. 10. 19 . .	BL: Kürsteiner
4. 2. 19 . .	Einsatzmöglichkeit für Sozialarbeiter Müller	25. 2. 19 . .	Personalchef
13. 2. 19 . .	Beschwerde bei Post	20. 2. 19 . .	Poststelle

Verlangt Ihre Stellung von Ihnen, dass Sie noch weitere Termine überwachen, können Sie die Überwachung der Ausführung von Protokollbeschlüssen leicht in Ihre bisherige Kontrolle eingliedern. Dass bei vielfältigen Kontrollaufgaben der auf der folgenden Seite abgebildete Termin-Controller sehr gute Dienste zu leisten vermag, sei an dieser Stelle nebenbei ebenfalls erwähnt.
Der Protokollführer ist von Amtes wegen *Gedächtnisstütze und Gewissen der Sitzungsteilnehmer* und verhindert — im Interesse des Betriebes —, dass unbeliebte Aufträge vertrödelt oder gar vergessen werden. — Wie manchem Betrieb täte eine solche Gedächtnisstütze gut!

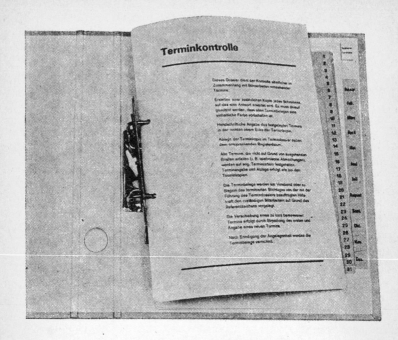

2 Die verschiedenen Protokollarten

Welche Protokollart ist die zweckmässigste?
Soll ausführlich protokolliert werden oder so knapp wie möglich?
Sollen die einzelnen Abstimmenden namentlich erwähnt werden
oder nicht?

Solch grundsätzliche Fragen bereiten manchem Protokollführer
Kopfzerbrechen. Die richtige Antwort findet er nur, wenn er genau weiss, *wozu seine Protokolle den Sitzungsteilnehmern und dem Betrieb dienen müssen,* und wenn er überdies *die Vorzüge und die Schwächen jeder Protokollart kennt.*

Während wir im ersten Kapitel untersucht haben, wozu die Protokolle dienen können, wollen wir nun die drei gebräuchlichsten Protokollarten näher kennenlernen und auf ihre Verwendbarkeit hin untersuchen.

2.1 Das Beschlussprotokoll

Es hält folgendes fest:
1. Verhandelndes Gremium
2. Verhandlungsdatum und Nummer des Protokolls
3. Anwesende und Abwesende
4. Vorsitzender und Protokollführer
5. Traktandenliste (auch Tagesordnung genannt)
6. Beschlüsse
7. Unterschrift des Protokollführers (und häufig auch des Vorsitzenden)

Das Beschlussprotokoll hält neben den einleitenden Angaben der Protokolltitelseite *lediglich die Aufträge und die Beschlüsse* (nicht aber die Anträge) fest und erwähnt mit keinem Wort, wie man dazu gekommen ist. Es ist dort am Platz, wo *nur die Ergebnisse* der Verhandlung, jedoch nicht die Meinung der einzelnen Teilnehmer von Bedeutung sind, also zum Beispiel da, wo gleichgestellte Personen als Arbeitsgruppe die Lösung für bestehende Probleme suchen.

Vorteile:
Das Beschlussprotokoll verursacht fast keine Arbeit, bietet grösste Übersicht und gibt auf den ersten Blick über Erfolg oder Misserfolg einer Verhandlung Auskunft.

Nachteil:
Das Beschlussprotokoll ist wenig informativ und deshalb ungenügend, wenn Aussenstehende nicht nur über das Ergebnis der Verhandlung, sondern auch über die Gründe, die zu den Beschlüssen geführt haben, unterrichtet sein sollten oder wollen.

Anwendungsbereich:
Bei Arbeitssitzungen aller Stufen, wenn das Protokoll vor allem als Dokumentation für die Sitzungsteilnehmer dienen soll.

Beispiele:

---

1. Das Protokoll Nr. 106 wurde einstimmig genehmigt.

2. Durch Verschiebung des Fahrradständers werden sechs zusätzliche Parkplätze geschaffen. In Zukunft stehen die firmeneigenen Parkplätze nur noch auswärtigen Mitarbeitern zur Verfügung. Diese sollen die Kennzeichen ihrer Wagen bis spätestens 15. 3. dem Personalbüro melden.

3. Am 24. Dezember wird die Arbeit um 15.30 Uhr eingestellt.

Ein weiteres vollständig ausgeführtes Beispiel finden Sie im Anhang.

2.2 Das wörtliche Protokoll (Vollprotokoll)

Es hält ausser den sieben Punkten des Beschlussprotokolls auch den Verhandlungsablauf fest, und zwar wörtlich ab Stenogramm oder Tonband, indem lediglich grammatikalische Fehler des

Sprechenden ausgemerzt werden. Es empfiehlt sich dort, wo so wichtige Dinge zur Diskussion stehen, dass jedes Wort wertvoll ist oder Bedeutung erlangen könnte; ferner dort, wo jedes Wort festgehalten werden muss, damit nicht ein Gesprächsteilnehmer nachträglich behaupten kann, er habe es nicht so gesagt oder nicht so gemeint, um sich seiner Verantwortung oder den Verpflichtungen zu entziehen.

Vorteil:
Höchste Beweiskraft

Nachteile:
Unübersichtlichkeit (ganz besonders, wenn das Tonband als Protokoll archiviert wird)
grosser Zeitaufwand für die Reinschrift

Anwendungsbereich:
— bei Studientagungen
— bei wissenschaftlichen Konferenzen
— bei *sehr* wichtigen Besprechungen
— bei Personalverhandlungen

Beispiel:

Das stenographische Bulletin einer Parlamentssitzung

2.3 Das zusammenfassende Protokoll (Kurzprotokoll)

Es umfasst die sieben Elemente des Beschlussprotokolls, darüber hinaus aber wie das wörtliche Protokoll auch den Gang der Verhandlung, jedoch *nicht wortgetreu,* sondern mehr oder weniger gekürzt, indem nur *jene wesentlichen Ausschnitte* aus der Besprechung *in geraffter Form festgehalten* werden, *die das Gruppendenken beeinflussten* und zu den Beschlüssen führten oder die *auf längere Sicht hin gesehen bedeutsam bleiben* werden.

Das zusammenfassende Protokoll ist die anspruchsvollste, die schwierigste und für den Protokollführer gefährlichste Art, denn *er* muss die Auswahl treffen: *ihm* ist es überlassen, die Akzente zu setzen und die Äusserungen zu bewerten. Damit er das kann,

17

braucht er neben strenger Objektivität, Überparteilichkeit und Unabhängigkeit auch solides Fachwissen, grosse Konzentrationsfähigkeit und die Gabe, Wesentliches von Unwesentlichem zu unterscheiden.

Fehlen ihm diese Eigenschaften, so werden seine Protokolle lang und unübersichtlich; sie nähern sich stark dem wörtlichen Protokoll mit seinen grossen Nachteilen, ohne jedoch dessen Beweiskraft zu erlangen. Ein zusammenfassender Bericht sollte deshalb nur verfasst werden,

— wenn wichtige Anregungen oder richtungsweisende Bemerkungen gewichtiger Persönlichkeiten festgehalten werden *müssen,* weil sie einen ideellen Wert für das Unternehmen darstellen und vielleicht sogar die Geschäftspolitik beeinflussen werden,

— wenn verschiedene Parteien oder Interessengruppen verhandeln, damit alle Interessierten sehen, welche Argumente von welcher Seite vorgebracht wurden und auf welchem Weg man schliesslich zur Befriedigung, zur Einigung und zum Beschluss kam, also dort, wo die *Information weiterer Kreise* im Vordergrund steht.

Wir treffen in der Praxis das zusammenfassende Protokoll bald mit, bald ohne Namensnennung an. Führt man die Namen der Sprechenden auf, so werden die Verhandlungsberichte sofort umfangreicher, unübersichtlicher und bereiten vielen Protokollführern so grosse Schwierigkeiten, dass sie diese nicht zu bewältigen vermögen. Wo es sich rechtfertigen lässt, verzichten Sie deshalb besser auf die Namensnennung. Die Namen der Sprechenden sollten nur erwähnt werden, *wenn sie einen Informationswert haben,* zum Beispiel bei Sitzungen zwischen Arbeitervertretung und Geschäftsleitung, weil sich die Arbeitnehmer dafür interessieren, *welche* ihrer Delegierten sich für ihre Anliegen eingesetzt haben.

Bei betriebsinternen Sitzungen kann statt des Namens auch die interne Abkürzung der vom Sprechenden vertretenen Abteilung erwähnt werden. Das ist kürzer als der ganze Name, hält trotzdem die Herkunft einer Äusserung fest und ist zudem klarer, wenn die Abteilungen abwechselnd von verschiedenen Personen vertreten werden.

Beispiel: PA für Personalabteilung, TP für Technische Planung, FA für Finanzabteilung.

Vorteil:
Das zusammenfassende Protokoll bietet gute Information in konzentrierter Form

Nachteile:
— Es stellt höchste Ansprüche an den Protokollführer
— Es erfordert für die Reinschrift sehr viel Zeit

Anwendungsbereich:
— bei Verwaltungsratssitzungen
— bei Sitzungen zwischen Arbeitervertretung (Angestelltenvertretung) und Geschäftsleitung
— bei Sitzungen von Arbeitsgemeinschaften verschiedener Firmen oder Firmengruppen

Beispiel:

Der Verhandlungspunkt (Traktandum) 2 des Beschlussprotokolls auf Seite 16 wird in einem Kurzprotokoll *ohne* Namennennung vielleicht so wiedergegeben:

Eine Untersuchung hat ergeben, dass uns zwölf Parkplätze fehlen. Wenn wir den Fahrradständer südwärts verschieben, wird eine Fläche für sechs zusätzliche Abstellplätze frei. Die fehlenden Parkplätze könnten von unserer Firma zu je 30 Franken im Monat auf dem Nachbargrundstück gemietet werden, was aber nicht nötig sein wird, wenn sich die Mitarbeiter aus der Stadt zu Fuss oder in einem öffentlichen Verkehrsmittel zur Arbeit begeben.

Beschluss:

Durch Verschiebung des Fahrradständers werden sechs zusätzliche Parkplätze geschaffen. In Zukunft stehen die firmeneigenen Abstellplätze nur noch auswärtigen Mitarbeitern zur Verfügung. Diese sollen die Kennzeichen ihrer Wagen bis spätestens 15. März dem Personalbüro melden.

Der gleiche Verhandlungspunkt in einem Kurzprotokoll
mit Namennennung:

Herr Meier brachte das Parkplatzproblem zur Sprache. Eine von ihm zusammen mit einem Arbeitnehmervertreter durchgeführte Umfrage hat ergeben, dass uns heute schon zwölf Parkplätze fehlen. Die Leidtragenden sind vor allem die Angestellten, weil sie die Arbeit erst um acht Uhr aufnehmen. Er schlug vor, den Fahrradständer zu verschieben und wies anhand einer Zeichnung nach, dass dadurch sechs zusätzliche Abstellplätze gewonnen werden könnten.

Herr Moser unterstützt diesen Plan und forderte die Geschäftsleitung auf, die noch fehlenden Parkplätze auf dem Nachbargrundstück zu mieten. Der Mietpreis von 30 Franken im Monat je Abstellplatz sei für städtische Verhältnisse bescheiden.

Die Geschäftsleitung fand den Mietpreis zu hoch und die zusätzliche Dienstleistung auch deshalb unzumutbar, weil der nächste öffentliche Parkplatz lediglich zehn Gehminuten vom Bürohaus entfernt ist.

Herr Moser entgegnete, dass dieser Parkplatz meistens schon um sieben Uhr voll besetzt sei.

Nach Ansicht der *Geschäftsleitung* bleibt unter diesen Umständen nichts anderes übrig, als die Abstellplätze nur noch für die auswärtigen Mitarbeiter freizuhalten, wie das viele andere Firmen schon seit langem tun. Wenn sich die Angestellten und Arbeiter, die in der Stadt wohnen, zu Fuss oder in einem öffentlichen Verkehrsmittel zur Arbeit begeben, werden sechs zusätzliche Parkplätze auf lange Zeit hinaus genügen.

Herr Meier wollte auch den Mitarbeitern, die in Vororten wohnen, zu einem Abstellplatz verhelfen, zog seinen Antrag jedoch zurück, als ihm nachgewiesen wurde, dass das Parkplatzproblem dann nicht zufriedenstellend gelöst werden kann. Da zudem nach allen Vororten sehr gute Busverbindungen bestehen, wurde einstimmig *beschlossen:*

> Durch Verschiebung des Fahrradständers werden sechs zusätzliche Parkplätze geschaffen. In Zukunft stehen die firmeneigenen Abstellplätze nur noch auswärtigen Mitarbeitern zur Verfügung. Diese sollen die Kennzeichen ihrer Wagen bis spätestens 15. März dem Personalbüro melden.

2.4 Mischformen

Die Praxis zeigt, dass eine Mischform zwischen Beschluss-Protokoll und zusammenfassendem Protokoll häufig die beste Art wäre:
— Von den Besprechungspunkten, die nur für die Sitzungsteilnehmer von Interesse sind, werden lediglich die Beschlüsse festgehalten;
— bei den anderen Punkten aber, die von allgemeinem Interesse sind oder die den Aussenstehenden Klarheit verschaffen müssen, warum man zu den Beschlüssen gekommen ist, soll auch der Verhandlungsablauf zusammengefasst wiedergegeben werden.

Auch die Mischform zwischen Kurz- und Vollprotokoll kann sich aufdrängen, weil häufig sehr wichtige Anregungen, Erklärungen oder Berichte am besten wörtlich wiedergegeben oder als Beilage angeheftet werden.

Der seiner Aufgabe gewachsene Protokollführer hält sich daher nicht starr an eine bestimmte Protokollart, sondern wird sein Protokoll von Fall zu Fall dem Bedürfnis des Betriebes, der Sitzungsteilnehmer und der Wichtigkeit des besprochenen Stoffes anpassen.

Der Protokollführer muss sich auch *im formellen Ablauf einer Sitzung* auskennen. Die beiden folgenden Kapitel vermitteln Ihnen die dazu nötigen theoretischen Kenntnisse.

3 Tagesordnung und Geschäftsordnung

3.1 Die Tagesordnung (Traktandenliste; Geschäftsliste)

Die Tagesordnung umfasst *die Verhandlungsgegenstände* einer Sitzung, einer Versammlung oder einer Konferenz. Damit sich die Teilnehmer vorbereiten können, wird sie ihnen meist mit der Einladung im voraus bekanntgegeben, vielfach auch mit entsprechenden Verhandlungsunterlagen zum vorangehenden Studium.

Die Verhandlungsgegenstände sollen logisch geordnet sein, denn die Verhandlung richtet sich nach der Traktandenliste. Da der Vorsitzende diese genehmigen lassen muss, besteht allerdings noch zu Beginn der Sitzung Gelegenheit, die Reihenfolge durch einen entsprechenden Antrag ändern zu lassen.

Für die Behandlung der einzelnen Punkte muss genügend Zeit zur Verfügung stehen. Zeigt sich, dass die Tagesordnung überladen ist, soll die Diskussion nicht eingeschränkt werden, nur damit man «durchkommt». Nicht behandelte Punkte werden an die Spitze der nächsten Traktandenliste gesetzt.
Bei Zeitmangel kann die Behandlung gewisser Fragen, die nicht alle Teilnehmer interessieren, auch auf eine kleinere, gesondert angesetzte Sitzung verschoben werden, mit der Auflage zu einer zusammenfassenden Berichterstattung im Protokoll.
In gewissen Fällen wird der Inhalt der Tagesordnung von den Statuten oder vom Gesetz verbindlich vorgeschrieben.

3.2 Die Geschäftsordnung

Eine Versammlung oder Sitzung muss geordnet verlaufen, damit das gesteckte Ziel erreicht wird. Die Geschäftsordnung — zum Teil schriftlich niedergelegt, zum Teil gewohnheitsrechtlich angewandt — regelt den formellen Ablauf der Verhandlung, indem sie für alle Verfahrensfragen verbindliche Richtlinien aufstellt.

Beispiel einer Geschäftsordnung:

1. Der Vorsitzende erlässt die Einladungen zu Sitzungen oder Konferenzen mindestens 10 Tage vor der Versammlung. Die Einladungen müssen Auskunft geben über den Ort, die Zeit und die Verhandlungsgegenstände.

2. Der Vorsitzende eröffnet und leitet die Sitzung. Ist er verhindert, überträgt er die Leitung einem Stellvertreter.

3. Die Tagesordnung gilt als angenommen, wenn sie nicht schriftlich angefochten wurde. Die Reihenfolge kann noch zu Beginn der Versammlung durch Beschluss abgeändert werden.

4. Der Antragsteller oder die dazu bestimmten Referenten müssen die einzelnen Punkte begründen, bei kompliziertem Inhalt mit schriftlicher Vorlage, die den Teilnehmern zusammen mit der Tagesordnung zuzustellen ist.

5. Der Vorsitzende darf Wortmeldungen erst mit Eröffnung der Aussprache zu dem zur Diskussion stehenden Verhandlungsgegenstand annehmen. Das Wort erteilt er in der Reihenfolge der eingegangenen Wortmeldungen.

6. Zu jedem Antrag können Gegen- und Änderungsanträge gestellt werden. Der Wortlaut jedes Antrages muss vor der Abstimmung verlesen werden. Nach der Abstimmung über einen Antrag ist die Diskussion darüber abgeschlossen.

7. Der Vorsitzende muss alle Anträge zurückweisen, die keine innere Beziehung zur Tagesordnung aufweisen. In Zweifelsfällen entscheidet die Versammlung.

8. Während der Beratung eines Verhandlungsgegenstandes können Ordnungsanträge gestellt werden, die jeweils sofort zur Abstimmung gelangen.
   Zugelassen sind die folgenden Ordnungsanträge:
   — Antrag auf Verschiebung des Geschäftes auf einen späteren Zeitpunkt
   — Antrag auf Verzicht auf Aussprache
   — Antrag auf Schluss der Diskussion
   — Antrag auf Beschränkung oder Ausdehnung des Diskussionsrahmens
   — Antrag auf Streichung des Tagesordnungspunktes
   — Antrag auf Überweisung an einen Ausschuss

— Antrag auf Aufhebung und Vertagung der Versammlung
— Zur Geschäftsordnung muss das Wort jederzeit erteilt werden.

9. Der Vorsitzende kann einen Teilnehmer, der vom Thema abschweift, zur Ordnung rufen. Bei Wiederholung kann er ihm das Wort entziehen.

10. Die Diskussion ist erst dann beendet, wenn niemand mehr das Wort verlangt. Nach Schluss der Diskussion sollen Antragsteller oder Referent Gelegenheit erhalten, noch einmal das Wort zu ergreifen.

11. Über Änderungsanträge muss vor dem Hauptantrag abgestimmt werden. Zuerst wird über den Antrag abgestimmt, der vom Hauptantrag inhaltlich am weitesten entfernt ist.
Die Abstimmung erfolgt durch Handaufheben. Der Antrag auf geheime Abstimmung bedarf der einfachen Mehrhelt. Bei offenen Abstimmungen enthält sich der Vorsitzende der Stimme. Bei Stimmengleichheit gibt er den Ausschlag. Bei geheimer Abstimmung stimmt er ebenfalls. Wird das Ergebnis angezweifelt, so ist die Abstimmung zu wiederholen.

12. Über jede Sitzung muss ein Protokoll erstellt werden, das vom Protokollführer und vom Vorsitzenden unterschrieben wird.

Für Versammlungen mit vielen Teilnehmern wird die Geschäftsordnung zusätzlich regeln:
— Wahl von Stimmenzählern
— Beschränkung der Redezeit
— Vorgehen bei Wahlen
— Anträge durch eine bestimmte Anzahl Teilnehmer unterstützen lassen
— Anwesenheitsliste zur Unterschrift zirkulieren lassen usw.

4 Anträge

Deutlich auseinanderzuhalten sind:

— Sachanträge, die sich auf einen Punkt der Tagesordnung beziehen, und

— Ordnungsanträge, die sich auf das Verfahren bei der Verhandlung richten.

4.1 Sachanträge

Jeder Sitzungsteilnehmer kann Sachanträge stellen, sofern sie in direktem Zusammenhang mit dem behandelten Punkt stehen.

Wir unterscheiden zwischen Grund-, Haupt- und Änderungsanträgen:

— Der von der Versammlungsleitung oder einem Teilnehmer zu Beginn eingereichte Hauptantrag heisst *Grundantrag.*

— Zum gleichen Punkt können weitere *Hauptanträge* gestellt werden. Sie verlangen inhaltlich etwas anderes als der Grundantrag.

— Die *Änderungsanträge* heissen den Grund- oder irgendeinen Hauptantrag grundsätzlich gut, wollen ihn aber in irgendeiner Form ändern (ergänzen, erweitern, einschränken).

Beispiel:

Unter dem Traktandum «Vergrösserung des Sortiments» werden im Verlauf der Verhandlung folgende Anträge gestellt:

1. Aufnahmen von Rauchwaren ins Sortiment	1. Hauptantrag (Grundantrag)
2. Verkauf von Rauchwaren nur im Hauptgeschäft	Änderungsantrag
3. Nur Verkauf von Zigaretten, aber auch in den Filialen	Änderungsantrag
4. Nur Verkauf der gängigsten Zigarettenmarken	Änderungsantrag
5. Aufnahme von Fischereiartikeln ins Sortiment anstelle von Rauchwaren	2. Hauptantrag
6. Aufnahme von Rauchwaren ins Sortiment, aber erst in zwei Jahren	weiterer Änderungsantrag zum Grundantrag

4.1.1 In welcher Reihenfolge muss über die eingereichten Anträge abgestimmt werden?

Bei Hauptanträgen muss eine möglichst logische Reihenfolge eingehalten werden. Ist diese nicht ersichtlich, dann wird zuerst über den Hauptantrag abgestimmt, zu dem *am wenigsten* Änderungsanträge gestellt wurden, weil die Änderungsanträge *immer vor den Hauptanträgen zur Abstimmung gelangen.* Werden sie angenommen, so ist der Hauptantrag in der abgeänderten Fassung neue Verhandlungsgrundlage; werden sie abgelehnt, so wird über den Hauptantrag in der ursprünglichen Form abgestimmt. Das ist richtig so, denn es kommt immer wieder vor, dass sich die Mehrheit nur dann für einen Hauptantrag entscheiden will, wenn er in gewissen Teilen abgeändert wird.

Bei der Abstimmung über Änderungsanträge soll auch in erster Linie eine logische Reihenfolge eingehalten werden. Ist sie nicht ersichtlich, wird zuerst über den weitestgehenden abgestimmt. Zuletzt gelangt der Änderungsantrag zur Abstimmung, der am nächsten beim Hauptantrag liegt. Gehen die Meinungen wegen der Entfernung vom Hauptantrag auseinander oder lässt sich die Entfernung vom Hauptantrag nicht eindeutig bestimmen, gelangen die Änderungsanträge in der zeitlichen Reihenfolge, in der sie eingereicht wurden, zur Abstimmung. Wird ein Hauptantrag zurückgezogen, so fallen gleichzeitig auch alle sich darauf beziehenden Änderungsanträge weg.

4.2 Ordnungsanträge

Wie Sie bereits wissen, unterbrechen sie jede Debatte und gehen allen anderen Anträgen vor. Die wichtigsten sind:
— *der Rückkommensantrag,* mit dem ein Sitzungsteilnehmer die Diskussion über einen bereits behandelten Gegenstand wieder aufnehmen will
— *der Wiedererwägungsantrag,* mit dem der Antragsteller einen Beschluss rückgängig machen und über den Gegenstand erneut abstimmen lassen will
— *der Antrag,* der die Behandlung eines Sachgeschäftes *verschieben* oder *einer anderen Instanz zum Entscheid übertragen* will.

4.3 Aufgaben

In welcher Reihenfolge muss im Beispiel auf Seite 28 und im folgenden Auszug aus einer Verhandlung über die Anträge abgestimmt werden?
Annahme: Der Entscheid fällt immer so aus, dass alle Anträge zur Abstimmung gelangen.
Schreiben Sie die Ziffern der Anträge in der richtigen Reihenfolge auf.

Auszug aus einer Verhandlung:
1. Der Verwaltungsrat beantragt, einen Kredit von 600 000.— für den Kauf und den Umbau einer Liegenschaft zu bewilligen. Im Laufe der Debatte werden folgende Anträge gestellt:
2. Begrenzung des Kredites auf 300 000.— zum Ankauf; Umbau auf später verschieben.

3. Begrenzung des Kredites auf 450 000.— für den Ankauf und dringend notwendige Ausbesserungsarbeiten.
4. Bewilligung des Kredites, aber es soll eine andere als die vom Verwaltungsrat in Aussicht genommene Liegenschaft gekauft werden.
5. Antrag auf Kredit von einer Million für Kauf eines Grundstückes und Erstellung eines Neubaus.
6. Erhöhung des Kredites auf 800 000.—, damit ein grosszügiger Umbau möglich ist.
7. Mit Erhöhung einverstanden, wenn der Umbau in ganz modernem Stil erfolgt.
8. Mit Antrag 5 einverstanden, wenn der Einzug innerhalb drei Jahren trotzdem möglich ist.
9. Die Vorlage soll von einer Fachkommission entschieden werden.
10. Zustimmung zum Kredit, wenn von den beiden in Aussicht stehenden Liegenschaften die im Zentrum der Stadt gelegene gekauft wird.
11. Ablehnung der Vorlage, weil die finanzielle Belastung zu gross ist.
12. Einverständnis nur, wenn eine rechtlich unabhängige Liegenschafts-Betriebsgesellschaft gegründet wird, um jedes Risiko für den Betrieb auszuschliessen.

Lösung zum 1. Beispiel: 5 6 4 2 3 1

Begründung:
5. Hauptantrag ohne Änderungsanträge
6. Logische Überlegung: Es hat keinen Sinn, heute über Einzelheiten zu sprechen, wenn die Rauchwaren erst in zwei Jahren eingeführt werden sollen.
4. Weiteste Entfernung vom Hauptantrag.
2. + 3. Gleiche Entfernung, daher zeitliche Reihenfolge.
1. Bereinigter Grundantrag.

Lösung zum 2. Beispiel: 9 11 12 10 8 5

Begründung:
9. Ordnungsantrag.
11. Hauptantrag ohne Änderungsanträge.
12. + 10. Logische Überlegung.
8. + 5. Weiteste Entfernung.

4.4 Ordnungsrufe

Auch sie unterbrechen die Debatte und sind jederzeit möglich, aber sie sind keine Anträge. Der Vorsitzende oder einer der Teilnehmer kann sie anbringen, um Ruhe und Ordnung herzustellen. Die bekanntesten sind:

«Zur Sache»!	bei Abschweifungen
«Zur Ordnung!»	wenn ungehörige Worte fallen
«Ruhe!»	bei Störungen
«Richtigstellung!»	Ich habe nicht gesagt: . . ., sondern:

Im wörtlichen Protokoll werden auch die Ordnungsrufe wiedergegeben.

Im ersten Teil wurden Sie mit den Protokollarten vertraut gemacht. Sie haben erfahren, wozu Protokolle dienen und wie sie auszuwerten sind. Das nächste Kapitel unterrichtet Sie darüber, welche Anforderungen erfüllt werden müssen, damit der Sitzungsbericht in jeder Hinsicht gut und verwendbar ist.

5 Sachliche Richtigkeit

Sachliche Richtigkeit ist *die wichtigste Anforderung* an *jedes* Protokoll.

5.1 Wann ist das Protokoll sachlich richtig?

Das *Vollprotokoll* ist sachlich richtig, wenn es den *Verhandlungsablauf wörtlich wiedergibt.* Seit der Erfindung des Tonbandes ist es jedermann möglich, diese Bedingung zu erfüllen.

Das *Beschlussprotokoll* ist sachlich richtig, wenn es die gefassten *Beschlüsse und die erteilten Aufträge wortgetreu festhält.* Weil sich der Protokollführer nur auf die Beschlüsse und die Aufträge mit ihrer Befristung konzentrieren muss, sollte es auch beim Beschlussbericht jedem möglich sein, sachlich richtig zu protokollieren.

Das *Kurzprotokoll* ist sachlich richtig, *wenn es den Verhandlungsablauf trotz der gekürzten Fassung so wiedergibt, wie er sich in allen wichtigen und entscheidenden Phasen wirklich abgespielt hat.*

Beim Kurzbericht fällt es dem Protokollführer erfahrungsgemäss schwer, sachlich richtig zu protokollieren, denn hier muss er *erkennen, was wichtig und was unwesentlich ist, und selbständig entscheiden,* was weggelassen, hervorgehoben und in den Hintergrund gerückt werden soll. Wenn er Unwichtiges hervorhebt und Wesentliches weglässt, vermittelt er dem Leser ein sachlich unrichtiges Bild.

Zur sachlichen Richtigkeit gehört ferner, dass alle *Anträge, Beschlüsse und Berichtigungen des Protokolls wortgetreu* wiedergegeben werden. (Im Beschlussprotokoll entfallen die Anträge.) Das kann Schwierigkeiten bereiten, wenn die Verhandlung in Mundart geführt wird. Der Protokollführer muss sich zum Wort melden, wenn ihm etwas unklar ist (was der Neuling häufig nicht wagt, aber erst recht nötig hätte) und eine Präzisierung verlangen oder — noch besser — die beanstandete Stelle oder den gefassten Beschluss in eigene Worte fassen und fragen, ob diese Formulierung den Sachverhalt richtig wiedergebe. Bei komplizierten Verhandlungen wird er unter Umständen sogar darum bitten, dass die Anträge schriftlich eingereicht werden.

Werden Fragen mit rechtlichen Folgen behandelt, sollte er den Protokollentwurf von einem Juristen prüfen lassen oder beantragen, diesen zur Sitzung einzuladen und das Protokoll von ihm erstellen zu lassen. Bei Aufträgen muss er nötigenfalls klären, wer sie ausführen wird und in welcher Frist das geschehen soll.

5.2 Welche Eigenschaften braucht der Protokollführer, um sachlich richtig protokollieren zu können?

Im Gegensatz zu den übrigen Berichterstattern, zum Beispiel einem Reporter, der seinen Zeitungsberichten eine persönliche Note verleihen und zu den beschriebenen Ereignissen Stellung beziehen darf, muss der Protokollführer den Verhandlungsablauf *kommentarlos* schildern; *er muss immer streng sachlich bleiben.*
Ist er aber noch objektiv,
— wenn er beispielsweise gegensätzliche Auffassungen abgeschwächt wiedergibt?
   Ja, wenn sie sich im Verlaufe der Debatte einander angenähert haben.
   Nein, wenn keine Annäherung stattfand.
— wenn er langatmige, aber gehaltlose Äusserungen ganz verschweigt?
   Ja.
— wenn er den Ausführungen des Vorsitzenden mehr Gewicht beimisst als denen der übrigen Teilnehmer?
   Nein.
— wenn er eine hitzige Auseinandersetzung mit persönlichen Anschuldigungen und bösen Worten unterdrückt?
   Ja! Der Protokollführer soll festhalten, *was, aber nicht wie* verhandelt wurde.

Diese und viele ähnliche Fragen, die sich ihm immer wieder stellen, wird der Protokollführer nur dann richtig beantworten, wenn er *über der Sache* steht.
Folgende Eigenschaften sind Voraussetzungen für einen guten Protokollführer:

34

5.2.1 Unparteilichkeit

Der Protokollführer darf niemanden bevorzugen und niemanden benachteiligen. Er muss den verhandelnden Personen, aber auch den zu behandelnden Sachpunkten gegenüber völlig unvoreingenommen sein. Es ist deshalb nicht ratsam, in der Praxis aber häufig unvermeidlich, bei wichtigen Verhandlungen das Protokoll von einem Sitzungsteilnehmer aufnehmen zu lassen. Zudem kann er dann entweder nicht frei mitdiskutieren oder nicht richtig aufnotieren.

5.2.2 Unabhängigkeit

Der Protokollführer sollte keinem Sitzungsteilnehmer direkt unterstellt sein, weil er sonst befangen und versucht ist, den Worten seines Vorgesetzten mehr Gewicht zu verleihen als ihnen zukommt. Es ist deshalb nicht gut, wenn der Vorsitzende seine Sekretärin oder seinen Assistenten mit der Protokollführung beauftragt.
In der Praxis wird jedoch wenig auf diese Unabhängigkeit geachtet. Der dem Vorsitzenden direkt unterstellte Protokollführer muss sich der Gefahr der Befangenheit klar bewusst sein, um völlige Objektivität wahren zu können.

5.2.3 Sachkenntnis

Der Protokollführer muss in der behandelten Materie gründlich beschlagen sein. Er muss die alten Protokolle kennen und über die Entwicklung auf den einzelnen Sachgebieten auf dem laufenden sein. Er muss alle Fachausdrücke beherrschen und sich durch das Studium sämtlicher Sitzungsunterlagen auf die Verhandlung vorbereitet haben. Es ist deshalb falsch, wenn die Protokollführung nicht über längere Zeit der gleichen Person anvertraut bleibt.

5.2.4 Konzentrationsfähigkeit

Wer sich nicht über längere Zeit zu konzentrieren vermag, eignet sich nicht als Protokollführer, denn er wird Wesentliches überhören, sobald er ermüdet ist. Wichtige Voraussetzung für Konzentrationsfähigkeit ist Interesse: Die Aufmerksamkeit des Protokollführers wird schnell erlahmen, wenn ihm die verhandelten Geschäfte gleichgültig sind, weil er keine Beziehung zu ihnen hat. Es ist deshalb falsch, wenn kurz vor der Verhandlung irgendeine Person, die gerade frei ist, zur Protokollaufnahme gerufen wird.

5.2.5 Beweglichkeit

Der Protokollführer muss sich im klaren sein, wozu das Protokoll dem Betrieb und den Sitzungsteilnehmern dienen soll. Muss es in erster Linie unterrichten, wird er informativ protokollieren; dient es als Dokumentation, wird er, wenn überhaupt, nur diejenigen Äusserungen festhalten, die vermutlich auf lange Zeit hinaus bedeutsam bleiben werden; die Gedanken nämlich, die überzeugt, sich durchgesetzt und zu den Beschlüssen geführt haben.

5.2.6 Einfühlungsvermögen

Wer schon Sitzungsberichte abgefasst hat, weiss, wie schwierig es oft ist, herauszufinden, was ein Sprachungewandter mit seinem Schwall oder Gestotter von Worten eigentlich sagen wollte. Nur wer einfühlend ist, vermag unklar geäusserte Gedanken klar, verständlich und *einfach* wiederzugeben.

5.2.7 Sprachliche Gewandtheit

Der Protokollführer muss über gute Sprachkenntnisse und einen sicheren Stil verfügen. Er muss die Fähigkeit eines Berichterstatters haben, das Gehörte mit eigenen Worten wiederzugeben.

6 Kürze

Das Protokoll muss *inhaltlich und sprachlich* so knapp wie möglich gehalten sein, damit es übersichtlich bleibt und zweckmässig ausgewertet werden kann. Deshalb verstösst auch der knappeste Kurzbericht gegen den Grundsatz der Kürze, wenn ein Beschlussprotokoll genügte.

Die zusammenfassenden Protokolle sind jedoch meist nicht knapp, sondern viel zu ausführlich. Woher rührt das?

Vielleicht waren frühere Protokolle immer langatmig, so dass der Protokollführer nicht wagt, von dieser Tradition abzuweichen, aus Angst, auf Unverständnis zu stossen. Er geht der Gefahr, sich gegen mögliche Widerstände durchsetzen zu müssen, aus dem Weg und hält sich an die Form, in der das Protokoll sicher genehmigt wird, weil sich die Sitzungsteilnehmer daran gewöhnt haben.

Ein anderer Protokollführer wiederum glaubt, seine Anwesenheit bei der Beratung durch ein möglichst umfangreiches Protokoll rechtfertigen zu müssen, um zu beweisen, dass seine Anwesenheit wichtig war und sich gelohnt hat.

Die Schuld kann aber ebenso bei der Verhandlungsleitung liegen. Wenn diese zu wenig straff ist, wenn übermässig viel geplaudert wird, wenn die Diskussion keine Linie hat und der Protokollführer darüber im ungewissen gelassen wird, was wesentlich ist und was erreicht werden soll, dann wird sein Protokoll unweigerlich zu lang. Auch eitle Sitzungsteilnehmer, die verlangen, dass ihre Äusserungen ausführlich festgehalten werden, können den Protokollführer zwingen, gegen den Grundsatz der Kürze zu verstossen.

In den allermeisten Fällen aber sind die Protokolle zu lang und unübersichtlich, weil der Protokollführer nicht fähig ist, das Wesentliche zu erkennen; weil er nicht wagt, Unwesentliches zu übergehen oder weil er sich schlecht ausdrückt.

6.1 Was muss festgehalten werden?

Die Frage kann nur für den einzelnen Fall eindeutig beantwortet werden:
— Muss das Protokoll in erster Linie informieren, dann soll es nur die Gedanken enthalten, die einen Informationswert haben.
— Muss es erklären, warum man zu den gefassten Beschlüssen gekommen ist, werden ausschliesslich die Gedanken festgehalten, die beeinflusst und überzeugt haben.
— Muss es die Überlegungen der Anwesenden zu den aufgeworfenen Fragen festhalten, dann wird nur das wiedergegeben, was neue Aussichten eröffnet.

Protokolliert wird nur das, was für die spätere Auswertung wichtig ist oder nützlich werden könnte.

6.2 Was ist wegzulassen?

Immer:
— alle Einleitungen
— alle Nebengedanken, die nicht im Zusammenhang mit dem behandelten Stoff stehen
— alle Wiederholungen (auch im Kurzprotokoll mit Namennennung genügt es festzuhalten: «Die Herren X, Y und Z waren der Ansicht...» oder: «Die Herren Y und Z äusserten sich im gleichen Sinne»)
— alle Selbstverständlichkeiten
— alles, was in kränkendem, verletzendem oder demütigendem Ton vorgebracht wurde (das Protokoll soll nur Auskunft geben, was, nie aber wie verhandelt wurde)
— bei Meinungsänderungen die ursprünglichen Äusserungen
— alles, was für die spätere Auswertung belanglos ist

Je nach der Aufgabe des Protokolls:
— Gedanken, die sich nicht durchgesetzt haben
— Gespräche vertraulicher Art
— Ort, Beginn und Schluss der Sitzung

Oft sieht der Protokollführer erst rückblickend klar, was wesentlich und was unwesentlich ist, was in den Bericht aufgenommen und was weggelassen werden muss. Eine Sache kann nämlich vorübergehend sehr wichtig erscheinen, lebhaft erörtert und ausgiebig besprochen werden, bis im Verlaufe der Diskussion plötzlich ein Argument vorgebracht wird, das deren Weiterführung erübrigt oder ihr eine neue Wendung gibt. Sie wird fallengelassen oder von einer anderen Warte aus weitererörtert. Im ersten Fall ist sie auch für das Protokoll belanglos, im anderen erst vom zündenden Argument an von Interesse. Mancher Protokollführer, der von Anfang an fleissig mitgeschrieben hat, bringt es nicht übers Herz, die Notizen zu streichen, den belanglosen Teil wegzulassen. Er wäre aber dazu verpflichtet.

Auch das Gegenteil ist möglich: Ein Nebengedanke, den der Protokollführer ursprünglich kaum oder überhaupt nicht beachtet hat, gewinnt unvermutet an Bedeutung und wird vielleicht sogar vorherrschend. Der Protokollführer, der die Wirkung der Worte unterschätzt, nicht recht zugehört und sich keine Notizen gemacht hat, sieht plötzlich die Zusammenhänge nicht mehr klar und vermag dem Gespräch kaum mehr zu folgen. Die Versuchung wird für ihn gross sein, diesen Gedanken zu verschweigen oder weit unter seinem Wert im Protokoll festzuhalten. Gibt er ihr nach, verstösst er zwar nicht wie im vorigen Fall gegen den Grundsatz der Kürze, dafür gegen den der sachlichen Richtigkeit.

6.3 Wie muss protokolliert werden?

Kurz, im richtigen Sinne des Wortes, ist das Protokoll, das nur Wesentliches, auch auf längere Sicht hin gesehen Bedeutsames enthält. Zur Kürze gehört aber genauso, dass *alles so einfach wie möglich* gesagt wird. Wer fünfzig Wörter braucht, um etwas auszudrücken, was mit zwanzig ebenso klar gesagt werden kann, verstösst nicht weniger gegen den Grundsatz der Kürze als jener, der Unwichtiges aufnimmt.

Sich klar und knapp auszudrücken, bereitet vielen Protokollführern grosse Schwierigkeiten. Das folgende Beispiel (aus Weller: «Ich bitte ums Wort», Econ-Verlag GmbH, Düsseldorf, Seite 351) legt hiefür beredt Zeugnis ab:

«Der Vortragende, Prokurist S., führte einleitend aus, man verstehe unter dem betrieblichen Vorschlagswesen die Mitarbeit sämtlicher Betriebsangehöriger an der Ausgestaltung des Betriebes. Es handle sich hierbei um eine Verbesserung der Maschinen, der kaufmännischen und der technischen Organisation durch geeignete Vorschläge. Er wies nachdrücklich darauf hin, dass jeder Betriebsangehörige jeder Fachgruppe und jedes Standes sich der Betriebsleitung zur Verfügung stellen müsse. Anderseits lenkte er aber auch die Aufmerksamkeit auf die Pflicht, die der Arbeitgeber zu übernehmen habe und liess keinen Zweifel darüber, dass dieser die Eignung von Vorschlägen für den Betrieb zu überprüfen und in die Praxis umzusetzen habe. Geeignete sollten entsprechend prämiiert werden, ist auch die Ansicht der Geschäftsleitung.

Indem er zu dem Punkt überging, worüber man Vorschläge mache, beantwortete der Redner diese Frage dahin, dass die Betriebsleitung schlechthin an allem interessiert sei. Er richtete die Aufforderung an die Belegschaft, man möge doch seine Gedanken niederschreiben, wobei er anregte, dass man sie durch Skizzen ergänzen solle. Das habe den Vorteil, dass klar erkennbar sei, um was es gehe. Geben Sie doch, so riet er, Ihren Vorschlag entweder ihrem nächsten Vorgesetzten oder direkt an die Geschäftsleitung. Der Redner betonte nachdrücklich, man könne versichert sein, dass man in diesem Falle, sobald es die Umstände zuliessen, von der Geschäftsleitung hören werde.»

Wie wortreich und unbeholfen! — Drücken Sie als Übung das hier Berichtete *so knapp wie möglich* aus, bevor Sie weiterlesen.

Lösungsvorschlag:
«Prokurist S. forderte alle Betriebsangehörigen zur Mitarbeit bei der Verbesserung der Maschinen und Arbeitsmethoden auf. Vorschläge sollen schriftlich, und wenn nötig, durch Skizzen veranschaulicht dem direkten Vorgesetzten oder der Geschäftsleitung

unterbreitet werden. Diese wird alle Anregungen sorgfältig prüfen und die brauchbaren entsprechend belohnen.»

Die 45 Wörter der zweiten Fassung sagen genau das gleiche wie die ursprüngliche mit 195 Wörtern.
Wo und wie lässt sich Ihr Lösungsvorschlag noch weiter kürzen? Wenn es Ihnen Mühe bereitet, Ihre Aussagen knapp zu formulieren, sollten Sie auch die nächste Übung lösen und den Protokollabschnitt um zwei Drittel seines Umfanges kürzen. Vergleichen Sie erst nachher Ihre Fassung mit dem Lösungsvorschlag.

«Herr Moser brachte den Lohn der Lehrlinge im 3. und 4. Lehrjahr zur Sprache. Im Lehrvertrag ist festgelegt, welchen Stundenlohn die Lehrlinge in den einzelnen Lehrjahren erhalten. Herr Moser fand, dass die bisherige Regelung ganz und gar nicht befriedige und auch von vielen Lehrlingen, vor allem von den tüchtigen, als ungerecht empfunden werde. Jedermann wisse, dass die Leistungsfähigkeit der Lehrlinge im 3. und 4. Lehrjahr bereits beträchtliche Unterschiede aufweise. Wenn der Lehrling, der viel leistet, gleich entlohnt werde wie der am schlechtesten Arbeitende, gab er zu bedenken, so fühle er sich geprellt und lasse über kurz oder lang in der Leistung nach, weil ihm der nötige Ansporn fehle. Herr Moser schlug vor, den Lehrlingen im zweiten Teil der Lehre neben dem im Lehrvertrag festgelegten Lohn auch eine Leistungsentlöhnung zukommen zu lassen. Das habe zweierlei Vorteile: 1. kämen dann die zukünftigen Arbeiter schon als Lehrlinge mit unserem Bewertungssystem in Kontakt und lernten seine Vorteile kennen und schätzen und 2. würden sie an der mengen- und qualitätsmässigen Leistung interessiert, was nie früh genug geschehen könne. Er forderte die Geschäftsleitung auf, die Lehrlingsentlöhnung einer kritischen Prüfung zu unterziehen und seinen Vorschlag ernsthaft in Erwägung zu ziehen und zu beraten.»

Lösungsvorschlag:
Die Lehrlinge im 3. und 4. Lehrjahr leisten unterschiedlich viel, erhalten aber alle den gleichen Lohn. Um sie mit unserem Bewertungssystem vertraut zu machen und zu raschem und gutem Arbeiten anzuspornen, beantragte *Herr Moser,* sie neben dem Stundenlohn nach Lehrvertrag zusätzlich auch nach der Leistung zu entlöhnen.

7 Lebendige Sprache, guter Stil

Für die Protokolle gelten die gleichen Sprach- und Stilregeln wie für alle anderen schriftlichen Arbeiten. Das scheinen viele Berichterstatter nicht begriffen zu haben. Wie es den unverkennbar gestelzten, mit unzähligen Fremdwörtern gespickten, schwerfälligen Juristenstil und die papierene, bürokratische Kanzlei- und Amtssprache gibt, so hat sich im Laufe der Zeit auch eine eigentliche Protokollsprache entwickelt. Sie ist umständlich, unbeholfen und weitschweifig, sie liest sich schwer und hört sich unangenehm an; Aktenstaub liegt auf vielen Protokollen, lange bevor sie ins Archiv wandern. Ist es da nicht begreiflich, dass Protokolle meistens als notwendiges Übel empfunden werden? Auf den folgenden Seiten werden einige der schlimmsten Mängel besprochen.

7.1 Zeitform: Gegenwart oder Vergangenheit?

Bevor der Protokollführer mit der Niederschrift beginnt, muss er sich entscheiden, ob er seinen Bericht im Präsens oder im Imperfekt abfassen will. Fast alle Protokolle sind in der Gegenwartsform geschrieben. Diese ist aber nicht immer logisch und kann stören, denn das Protokoll ist immer ein Bericht über *Vergangenes.* An einigen Beispielen sollen Sie das selber erkennen:

«Herr Bölsterli erläutert den Geschäftsbericht.»	Schon wieder? Er hat es doch das letzte Mal getan. Wie oft noch?
«Herr Meier wiederholt seine bereits an der letzten Sitzung gegebene Begründung.»	
«Das Protokoll Nr. 103 wird verlesen und ohne Änderung genehmigt.»	Nein, dieses Protokoll wurde vor drei Wochen genehmigt!
«Herr Moser weiss nicht, ob . . .»	Doch, letztes Mal wurde es ihm gesagt!
«Herr Direktor Huber wünscht, dass die Betriebsferien nächstes Jahr um zwei Wochen vorverlegt werden.»	Jetzt sicher nicht mehr. Er ist tot: Herzinfarkt. Aber *damals* hat er es wirklich gewünscht.

Das letzte Beispiel weist die Widersinnigkeit des Präsens besonders eindrücklich nach. — Je weiter zurück die Geschehnisse liegen, um so störender wirkt die Zeitform der Gegenwart.

Es ist aber ebenso falsch, das ganze Protokoll in der Vergangenheitsform abzufassen. Im Protokoll muss wie in allen übrigen Schriftstücken die richtige Zeitform gewählt werden:

Was endgültig vergangen ist, steht in der Vergangenheit, was auch später gültig bleibt, gehört in die Gegenwartsform.

Während die Sätze auf dieser Seite eindeutig der Vergangenheit angehören und deshalb in der Vergangenheitsform wiedergegeben werden müssen, werden folgende Sätze in der Gegenwartsform protokolliert:

— Herr Direktor Weber freut sich über das gute Geschäftsergebnis (auch heute noch).
— Herr Müller glaubt nicht an den Erfolg der Fernsehwerbung.
— Die nötigen Mittel stehen bereit.

Ebenso hat auch die Zukunftsform im Protokoll ihren Platz:
— Herr Müller wird die Frage bis Ende März abklären.
— Frl. Bisang wird die fehlenden Unterlagen bis zur nächsten Sitzung beschaffen.
— Wir werden das Kapital um 2 000 000 erhöhen.

7.2   Direkte oder indirekte Rede?

Nur direkte Rede in Hauptsätzen vermittelt einen unmittelbaren Eindruck!

Nur direkte Rede vermeidet Weitschweifigkeit!

Nur direkte Rede liest sich leicht und hört sich angenehm an!

> «Herr Suter fand, es sei besser, wenn auf dieses Projekt verzichtet würde.»
>
> «Herr Suter sprach sich gegen dieses Projekt aus.»
>
> *Oder:* «Herr Suter lehnte dieses Projekt ab.»
>
> *Oder:* «Herr Suter meldete Bedenken gegen dieses Projekt an.»

Sie sehen auf den ersten Blick: Während der Satz *in indirekter Rede umständlich, kraftlos und zaghaft ist,* wirkt *die direkte Rede wegen ihrer Einfachheit ansprechend und überzeugend.*

Die indirekte Rede lässt kalt. In ihrer Häufung ist sie unoriginell und langweilig. Sie zwingt uns, immer im Konjunktiv zu schreiben und zu übermässig vielen farblosen Hilfszeitwörtern Zuflucht zu nehmen. Zudem steht alles Wesentliche im Nebensatz, während der Hauptsatz lediglich ankündigt, dass bald etwas Wichtiges gesagt werde:

«Der Redner sagte, es sei ... Er betonte, man müsse ... Er sprach sich dagegen aus, dass ... Er fragte, ob es nicht besser wäre, wenn ... Er bat, man möge ... Er stellte fest, man könne ... Er gab der Hoffnung Ausdruck, dass ... Zum Schluss erklärte er, es dürfe nicht mehr vorkommen, dass ...»

Sitzungsberichte in indirekter Rede wirken durch eine Anhäufung gleicher Nebensätze besonders schwerfällig:

> «Herr Meister betonte, dass er der festen Überzeugung sei, dass sich die Anschaffung einer elektronischen Rechenanlage für den Betrieb schon bald bezahlt mache.»
>
> *Statt:* «Nach Herrn Meisters Ansicht wird sich die Anschaffung einer elektronischen Rechenanlage bald bezahlt machen.»
>
> *Oder:* «Herr Meister findet die Anschaffung ... vorteilhaft.»
>
> *Oder:* «Herr Meister ist vom Nutzen einer ... überzeugt.»

Besonders umständlich und unbeholfen wirken zwei aneinander gehängte Einführungssätze:

> «Herr Meier erklärte, er glaube nicht, dass die geplante Plakatwerbung von Erfolg gekrönt sein werde.»
> *Statt:* «Herr Meier glaubt nicht an den Erfolg der geplanten Plakatwerbung.»
> *Oder:* «Herr Meier zweifelt am Erfolg der . . .»
> *Oder:* «Herr Meier verspricht sich von der . . . keinen Erfolg.»

Im Kurzprotokoll *ohne Namennennung* lässt sich die indirekte Rede *sehr leicht* vermeiden. *Schwierigkeiten* stellen sich nur beim Kurzprotokoll *mit Namennennung* ein. Spricht jemand länger zu einer Sache, lassen sie sich jedoch ebenfalls leicht umgehen.

> *Statt:* «Herr Direktor Müller, der die Jahresrechnung erläuterte, sagte, der Umsatz sei im Jahr 19. . von . . . . . auf . . . . . gestiegen. Der Reingewinn betrage . . . . ., was ein erfreuliches Ergebnis darstelle. Er warnte aber davor, zu optimistisch in die Zukunft zu blicken, da die Preise der Rohstoffe weiterhin steigende Tendenz hätten und die Rationalisierungsmöglichkeiten nahezu erschöpft seien.»
>
> *Besser:* «Herr Direktor Müller erläuterte die Jahresrechnung. Der Umsatz ist 19. . von . . . . . auf . . . . . gestiegen. Der Reingewinn beträgt . . . . . Da die Rohstoffpreise weiterhin steigen und die Rationalisierungsmöglichkeiten nahezu erschöpft sind, haben wir jedoch keinen Grund zu übermässigem Optimismus.»

Ziehen Sie das Beispiel auf Seite 40 mit dem entsprechenden Lösungsvorschlag zum Vergleich heran!
Bei kurzen Äusserungen ist die Aufgabe schwieriger. Nicht immer lassen sich die Nebensätze vermeiden. Das ist gar nicht nötig. Auch hier stehen uns verschiedene Möglichkeiten offen, um für Abwechslung zu sorgen.
Versuchen Sie, für die folgenden Beispiele eine bessere Lösung zu finden, indem Sie in Ihrer eigenen Fassung den Nebensatz vermeiden. Die Lösungsmöglichkeit auf der rechten Seite decken Sie ab und ziehen sie erst später zum Vergleich heran.

Statt:	Besser:
Herr Moser präzisierte, dass der Akkordbeauftragte nach erfolgter Überprüfung der Vorgabezeiten sich bei den Frauen erkundigte, ob sie mit den festgelegten Zeiten einverstanden seien, was der Fall war.	Herr Moser stellte richtig: Der Akkordbeauftragte hat zu den überprüften Vorgabezeiten das Einverständnis der Frauen eingeholt.
Herr Aebi meldet, dass in Abteilung 24 das Thermometer oft bis auf 34 °C klettere.	Nach Beobachtungen von Herrn Aebi beträgt die Temperatur in Abteilung 24 oft 34 °C.
Die Herren Klöti und Hofer waren verärgert (!), dass das letzte Protokoll erst kurz vor der neuen Sitzung verteilt wurde.	Die Herren Klöti und Hofer beanstandeten die zu späte Verteilung des letzten Protokolls.
Herr Stadler berichtet, dass in letzter Zeit in den Fahrradständern auf dem Fabrikgelände verschiedene grössere und kleinere Diebstähle begangen wurden.	Herr Stadler berichtete über verschiedene grössere und kleinere Diebstähle an Fahrrädern auf dem Fabrikgelände.
Herr Tschudi erklärte, dass er mit dem Entscheid nicht einverstanden sei.	Herr Tschudi war (ist) mit dem Entscheid nicht einverstanden.
Herr Koller erklärte, dass — wie er sich erkundigt habe — eine Schliessung des Betriebes zwischen Weihnachten und Neujahr vom weitaus grössten Teil der Arbeiter begrüsst würde. Diese hätten ihn gebeten, ihr Anliegen vorzubringen.	Herr Koller sprach sich im Auftrag der Arbeiter für eine Schliessung des Betriebes zwischen Weihnachten und Neujahr aus.
Herr Direktor Walder gab seiner Freude darüber Ausdruck, dass die Jahresrechnung derart positiv abgeschlossen hat.	Herr Direktor Walder ist über den guten Jahresabschluss erfreut.

Herr Klöti gibt zu, dass er zusammen mit Herrn Bucher über die im letzten Vierteljahr vom Akkordbüro geänderten Vorgabezeiten unterrichtet worden ist.

Die Herren Klöti und Bucher waren über die im letzten Vierteljahr vom Akkordbüro geänderten Vorgabezeiten unterrichtet.

Lassen Sie aus den folgenden (wörtlich zitierten!) Protokollabschnitten alles Überflüssige weg und ersetzen Sie die abhängige durch direkte Rede!

1. Im Auftrag von Herrn Moser, der wegen Krankheit der Sitzung fernbleiben muss, meldete Herr Fischer, dass sich die Arbeiter darüber beschwert haben, dass sie in letzter Zeit viel Überstunden deshalb leisten mussten, weil die italienischen Arbeitnehmer ihrer Abteilung auf freiwilliger Basis Überstunden arbeiteten und dadurch automatisch auch die Gegenwart weiterer Personen notwendig wurde.

Lösungsvorschlag:

Arbeiter beschwerten sich bei Herrn Moser über die vielen Überstunden, die von ihnen verlangt werden, weil ihre italienischen Kollegen freiwillig länger arbeiten.

2. Ein Sprecher der Geschäftsleitung erklärte, dass Arbeitnehmer, die Kartoffelrechnungen in Höhe von 60.— und darüber haben, gegen Vorlage dieser Rechnungen auch dieses Jahr vom Lohnbüro einen entsprechenden Vorschuss zur Begleichung dieser Rechnungen beziehen können, unter gleichzeitiger Festlegung des Rückzahlungsmodus. Für die Rückzahlung gelten die gleichen Grundsätze wie bisher, das heisst, die Höhe der Raten pro Zahltag müsse dem

Auf Kartoffelrechnungen von 60.— und mehr gewährt das Lohnbüro wieder Vorschuss. Die Rückzahlungsraten werden wie bisher dem Rechnungsbetrag angepasst, und die Abzahlung darf nicht zu viel Zeit beanspruchen.

Rechnungsbetrag angepasst sein, und es sei darauf zu achten, dass die Abzahlung keinen zu grossen Zeitraum beanspruche.

3. Herr Meier erklärte, auch er bedaure, dass es zu den Entlassungen kommen musste, nachdem in letzter Zeit wesentlich weniger Aufträge hereingebracht werden konnten. Er machte aber darauf aufmerksam, dass die Geschäftsleitung alle Mittel eingesetzt habe, um zu ermöglichen, dass kein Arbeiter, der schon mehr als drei Jahre für den Betrieb arbeitete, entlassen werden musste.

Auch Herr Meier bedauert die umsatzbedingten Entlassungen. Es wurden aber nur Arbeiter betroffen, die weniger als drei Jahre lang bei uns gearbeitet hatten.

7.3   Hauptwort oder Tatwort?

Umschreiben Sie nicht mit Hauptwort *und* Tatwort, was Sie mit einem Tatwort allein ebenso klar ausdrücken können. Wer das Tatwort erstrebt, ist auf dem Weg, Stil und Sprache zu beherrschen; denn *es* ist das Rückgrat der Sprache. Das gilt auch für die Protokolle.

Schreiben Sie also nicht:	*sondern:*
in Erwägung ziehen	erwägen
eine Entscheidung treffen	entscheiden
eine Abstimmung vornehmen	abstimmen
einen Antrag stellen	beantragen
den Dank aussprechen	danken
den Wunsch äussern	wünschen
eine Feststellung machen	feststellen
in Erinnerung rufen	daran erinnern
einer Prüfung unterziehen	prüfen
die Erklärung abgeben	erklären

die Möglichkeit bieten	ermöglichen
einen Vorschlag unterbreiten	vorschlagen
in der Lage sein	können
sich mit dem Gedanken tragen	beabsichtigen, erwägen
sich genötigt sehen	müssen
in Anspruch nehmen	beanspruchen
zur Kenntnis nehmen	beachten
die Zusage machen	zusagen
Vorsorge treffen	vorsorgen
eine Kontrolle durchführen	prüfen
es besteht die Möglichkeit, dass	möglicherweise

Vereinfachen Sie die folgenden Sätze:

Die beteiligten Stellen werden künftig um eine termingerechte Herausgabe der Protokolle besorgt sein.	Die Protokolle werden wir künftig rechtzeitig verteilen.
Die Arbeitnehmer werden die Möglichkeit erhalten, ...	Wir ermöglichen den Arbeitnehmern ... (Die Arbeitnehmer können ...)
Bei Arbeitsschluss wird an der Werkstrasse eine weisse Tafel aufgestellt, um die Teilung des Auto- und Fahrradverkehrs zu erreichen.	Bei Arbeitsschluss wird an der Werkstrasse eine weisse Tafel den Auto- vom Fahrradverkehr trennen.
Bei Herrn Meister sind von seiten der Arbeiterschaft Reklamationen eingegangen, weil die Reinigung der Toiletten immer wieder Anlass zu Beanstandungen gibt.	Arbeiter haben sich bei Herrn Meister über mangelhaft gereinigte Toiletten beschwert.
Herr Direktor Weber gab seiner Freude darüber Ausdruck, dass ...	Herr Direktor Weber war erfreut, dass ... (freute sich über ...
Die erforderlichen Bestellungen von Getränkeautomaten sind gemacht, und die Ablieferung sollte bald erfolgen.	Die bestellten Getränkeautomaten sollten bald geliefert werden.

Nach genauer Prüfung entschloss sich die Geschäftsleitung, den Vertrieb von Spiralbohrern nicht durchzuführen.

Beschluss: wir werden keine Spiralbohrer vertreiben.

Da wir bisher noch keine konkreten Abmachungen getroffen haben, . . .

Da wir noch nichts vereinbart haben, . . .

Der in Verwendung stehende Transformator . . .

Der verwendete Transformator . . .

Unser Herr Thaler, Betriebselektriker, wird beauftragt, den Schlüssel in Verwahrung zu nehmen.

Unser Betriebselektriker, Herr Thaler, wird den Schlüssel verwahren.

Fragen Sie sich beim Tatwort auch, ob die Vorsilbe wirklich nötig ist.

Schreiben Sie statt:	*Besser:*
abändern	ändern
verausgaben	ausgeben
vereinnahmen	einnehmen
anempfehlen	empfehlen
aufzeigen	zeigen
beinhalten	enthalten
einsparen	sparen
überprüfen	prüfen
übersenden/zusenden	senden
ausliefern	liefern

7.4 Tatform oder Leideform?

> Die Leideform (das Passiv) bringt fast jede Aussage um ihre Stosskraft, Bewegung, Klarheit und Kürze.

Schreiben Sie deshalb nicht: *sondern:*

Von zwei Mitarbeitern wurde der Vorschlag eingereicht, ...

Zwei Mitarbeiter schlugen vor, ... (beantragten)

Die Anregung wurde von der Geschäftsleitung dankend entgegengenommen.

Die Geschäftsleitung dankte für die Anregung.

Ein allfälliger Beschluss über diese Angelegenheit wird durch die Direktion gefasst.

Die Direktion wird gegebenenfalls darüber beschliessen.

Mit diesen Ansätzen werden unsere Kosten nicht voll gedeckt.

Diese Ansätze decken die Kosten nicht ganz.

Ersetzen Sie in den folgenden Beispielen die Leideform durch die Tatform.

Verbessern Sie: *Lösungsmöglichkeit:*

Es ist vorgesehen, den ganzen Fragenkomplex in der Oktobersitzung abschliessend behandeln zu lassen.

Diese Fragen werden wir in der Oktobersitzung abschliessend behandeln.

Am 19. 8. wurde die quartalsmässige Sitzung der Kommission für das Vorschlagswesen durchgeführt.

Am 19. 8. fand die vierteljährliche Sitzung der Kommission für das Vorschlagswesen statt.

Innerhalb der Betriebsleitung wurden Überlegungen angestellt, ob ...

Die Betriebsleitung überlegte, ob ...

Bereits in der letzten Sitzung wurde durch Herrn Weber die Erklärung gegeben, welche Faktoren für die Festsetzung der Benützungszeiten zu berücksichtigen waren.

Herr Weber hat schon an der letzten Sitzung erklärt, nach welchen Gesichtspunkten die Benützungszeiten festgesetzt wurden.

Wir müssen in Erfahrung bringen, was von unserer Kundschaft bevorzugt wird.

Wir müssen wissen, was unsere Kunden bevorzugen.

Die Konferenzteilnehmer wurden vom Vorsitzenden gebeten, die Anträge in Zukunft fristgerecht einzureichen.

Der Vorsitzende bat die Konferenzteilnehmer um pünktliche Einsendung der Anträge.

Es ist vorgesehen, die Massänderungen am Topf mit der Vergrösserung des Querloches zusammen einzuführen.

Die Massänderungen am Topf werden wir voraussichtlich zusammen mit der Vergrösserung des Querloches einführen.

Herr Müller warf die Frage auf, mit wieviel Tagen für das Umwickeln der Drähte gerechnet werden müsse.

Herr Müller erkundigte sich nach der für das Umwickeln der Drähte benötigten Zeit.

7.5 Vergilbte oder frische Wörter

Vergilbte Wörter stören und rufen im Leser das Bild verstaubter Akten wach. Folgende Wörter sollten Sie im Protokoll nicht mehr verwenden:

käuflich erwerben
betreffs
zwecks
seitens
mittels
bezüglich
von seiten
Auftragserteilung
nach erfolgter . . .
anlässlich

gelegentlich seines Besuches
die gehabte Unterredung
einschliesslich
auf Grund
einiggehen
sich einverstanden erklären
bis anhin
gemäss
laut
in Kürze

Verbessern Sie:	Lösungsvorschlag:
Laut diesbezüglichem Beschluss	nach diesem Beschluss
gemäss Bestimmungen des SIA	nach SIA-Vorschrift
In Anbetracht der Dringlichkeit wurde das Baubüro um schnellstmögliche Bearbeitung des Auftrages ersucht.	Das Baubüro wird den dringlichen Auftrag so rasch als möglich bearbeiten.
Anlässlich der Betriebsfeier hielt der Direktor eine Ansprache an die Belegschaft.	An (bei) der Betriebsfeier sprach der Direktor zur Belegschaft.
Anlässlich des Gesprächs zwischen uns und der Firma X wurde die Vereinbarung getroffen, ...	Wir haben mit der Firma X vereinbart, ...
Bezüglich der Firmenübernahme werden wir noch warten.	Mit der Firmenübernahme werden wir noch warten.
Bezüglich des Unfallherganges ist ein Bericht zu erstellen.	Über den Unfall ist ein Bericht zu schreiben.
Zwecks Verbesserung der Organisation ...	Zur Verbesserung der Organisation
Mittels eines Förderbandes	mit einem Förderband
Seitens der Belegschaft wurde gewünscht,	Die Belegschaft wünschte,
Es besteht von seiten unserer ausländischen Niederlassungen grösstes Interesse daran.	Unsere ausländischen Niederlassungen interessieren sich dafür.
Wir werden mit der Auftragserteilung noch warten.	Wir werden den Auftrag erst später erteilen.
Nach erfolgter Rücksprache mit	Nach Rücksprache mit
Gelegentlich seines Besuches	Bei seinem Besuch

7.6 Übungen

Die folgenden, wörtlich der Praxis entnommenen Protokollabschnitte sind in sprachlicher und stilistischer Hinsicht mangelhaft. Sie gewinnen zusätzliche Sicherheit, wenn Sie auch diese verbessern und anschliessend mit dem Lösungsvorschlag vergleichen.

Lösungsvorschlag:

1. Bezüglich der Leitung von ... nach ... war er immer der Auffassung, dass diese gleichzeitig ausgeführt werde, da momentan auf dem Bausektor eine sehr günstige Preissituation anzutreffen ist.

1. Die Leitung von ... nach ... sollte (seiner Ansicht nach) gleichzeitig ausgeführt werden, da die Preise auf dem Bausektor gegenwärtig sehr günstig sind.

2. Herr Meier macht darauf aufmerksam, dass Herr Niedermann an der Sitzung vom 15. 5. telefoniert habe, dass er erst im Laufe des Sommers mit den Arbeiten beginnen könnte.

2. Herr Meier erinnerte an Herrn Niedermanns telefonischen Bericht, erst im Laufe des Sommers mit den Arbeiten beginnen zu können.

3. Nach seiner Ansicht ist es beim Eintreffen einer Bestellung zu spät, mit dem Planen zu beginnen. Nach der Information über die Vergebung eines Auftrages sollte bereits die Möglichkeit bestehen, Vorbereitungen zu treffen.

3. Sobald der Auftrag erteilt ist, müssen wir mit den Vorbereitungsarbeiten beginnen. Wir sollten damit nicht zuwarten, bis die Ware eintrifft.

4. Herr Bürki nimmt die Traktandenliste für die kommende Sitzung der Arbeitsgruppe für Verpflegungsfragen zum Anlass, wonach ein Aufschlag der Essen auf 2.80 per 1. 5. 19.. beabsichtigt ist. Im Hinblick auf unsere exponierte Lage wird vorgeschlagen, den Essenpreis mit Marken bei 2.50

4. Der Essenpreis soll vom 1. 5. 19.. an auf 2.80 erhöht werden. Herr Bürki schlug vor, ihn bei 2.50 belassen, wenn das Essen gegen Marken ausgegeben wird.

(unter den Selbstkosten) zu belassen.

5. Herr Roth weist auf die erneuten Platzschwierigkeiten in der Kantine hin. Um Abhilfe zu schaffen, wird Herr Roth für eine Mitteilung an die Chefs besorgt sein, damit Besucher in Zukunft nur noch vor und nach der Hauptverpflegungszeit in die Kantine zum Essen delegiert werden.

5. Um der Platznot in der Kantine zu begegnen, wird Herr Roth den Chefs vorschlagen, Besucher in Zukunft nur noch vor oder nach der Hauptverpflegungszeit zum Essen einzuladen.

6. Zurückkommend auf das letzte Protokoll stellt Fräulein Müller die Frage, warum während des Versuchsstadiums mit Automaten die Abgabe von Milch und Ovo gleichwohl geduldet wird.

6. Fräulein Müller erkundigte sich, warum während der Versuchszeit mit Automaten weiterhin Milch und Ovo abgegeben werden.

7. Herr Roth beantwortet diese Frage, dass unserem Personal kein Zwang auferlegt werden soll, sondern dass Gelegenheit geboten ist, sich frei für das eine oder andere zu entscheiden. Um keine Bedenken wegen einer Benachteiligung der Automaten aufkommen zu lassen, macht Herr Roth auf die Erfahrung der Firma Merowina aufmerksam, wonach das Personal bei Einführung der Getränkeautomaten von sich aus auf den Gratiskonsum von Milch verzichtete.

7. Herr Roth wollte dem Personal die Entscheidungsfreiheit lassen. Die Automaten werden dadurch kaum ernsthaft benachteiligt. In der Merowina hat das Personal bei der Anschaffung von Getränkeautomaten sogar freiwillig auf die Gratismilch verzichtet.

8. Herr Rothenfluh, Präsident, gibt der Genugtuung Ausdruck, dass das Vorschlagswesen nun in guten Händen zu sein

8. Herr Direktor Rothenfluh freut sich darüber, dass das Vorschlagswesen nun in guten Händen ist und die Vorschläge

scheint und man den Eindruck habe, dass die Vorschläge jetzt schneller behandelt werden. Herr Direktor Rothenfluh gibt bekannt, dass an der nächsten Sitzung Herr Fridli zugegen sein wird, um die Personalvertreter auf dem laufenden zu halten.

Herr Merkt schliesst sich den Äusserungen von Herrn Direktor Rothenfluh an und begrüsst es im besonderen, dass mittels Anschlag die Belegschaft informiert wird.

rascher behandelt werden. An der nächsten Sitzung wird Herr Fridli die Personalvertreter auf dem laufenden halten.

Herr Merkt begrüsst im besonderen die Information der Belegschaft über das Anschlagbrett.

9. Die Beurteilungen müssen diskutiert werden, das heisst, der Vorgesetzte wird verpflichtet, sich diesbezüglich mit seinen Untergebenen auseinanderzusetzen, und zwar vor der Weiterleitung an die Personalabteilung. Die Qualifikationen werden das erste Mal in diesem Jahr auf diese Weise vorgenommen, also einheitlich, das heisst nach ein und demselben System.

Herr Zürcher findet, dass es sehr wichtig ist, dass der Vorgesetzte sich in dieser Sache mit seinen Mitarbeitern unterhält.

9. Die Vorgesetzten müssen die Beurteilungen vor der Weiterleitung an die Personalabteilung mit den Untergebenen besprechen. Zum ersten Mal werden sie dieses Jahr nach einem einheitlichen System vorgenommen.

Herr Zürcher begrüsst die Aussprache der Vorgesetzten mit ihren Mitarbeitern.

10. Abschliessend erwähnt Herr Moser, dass in einem grossen Betrieb immer die Gefahr besteht, dass der Faktor Mensch eine Rolle spielt, und zwar in dem Sinne, dass Sympathie und Antipathie in Kon-

10. Die Gefahr, dass die Leistungsbeurteilung durch Sympathie oder Antipathie beeinflusst wird, besteht nach Herrn Mosers Ansicht in jedem Grossbetrieb.

flikt geraten mit den effektiven Leistungsbeurteilungen von einzelnen Untergebenen.

11. Herr Knüsel weist seinerseits mit Nachdruck darauf hin, dass er eine Delegation für Urlaubskompetenzen an die direkten Vorgesetzten unterstütze, möchte jedoch dringend festhalten, dass Urlaubsgewährungen nur dann erfolgen dürfen, wenn eine dringende Notwendigkeit vom Antragsteller nachgewiesen werden kann.

11. Herr Knüsel unterstützt eine Übertragung der Urlaubszuständigkeit an die direkten Vorgesetzten. Urlaub darf jedoch nur bei triftigen Gründen gewährt werden.

12. Herr Direktor Meister wiederholt, dass in keiner Art und Weise unbegründeter Urlaub oder unbegründete Abwesenheit geduldet werden und dass der Vorgesetzte, der die Erlaubnis dafür erteilt, ihm dafür «gerade zu stehen» habe.

12. Herr Direktor Meister wird unbegründeten Urlaub oder unbegründete Abwesenheit nicht dulden. Die Vorgesetzten sind ihm voll verantwortlich.

8 Übersichtliche Darstellung — saubere Gestaltung

Jeder Sitzungsbericht zerfällt in drei Teile:
— Protokoll-Titelseite
— Zusammenfassung der behandelten Geschäfte
— Schlussteil

8.1 Die Protokoll-Titelseite

Sie enthält folgende Angaben:

Veranstalter
Protokoll mit fortlaufender Numerierung
Art der Sitzung und Datum
Anwesende
entschuldigt und unentschuldigt Abwesende
Vorsitzender und Protokollführer
Traktandenliste (Tagesordnung)

Ort, Beginn und Schluss der Sitzung sind belanglos und deshalb überflüssig, wenn keine Sitzungsgelder ausbezahlt werden und die Teilnehmer nicht einer vorgesetzten Stelle belegen müssen, dass sie während einer bestimmten Zeit durch eine Sitzung beansprucht waren. Bei der Generalversammlung einer Publikumsaktiengesellschaft schreiben wir auf der Titelseite unter «Anwesend» lediglich:

54 Aktionäre mit 813 Aktienstimmen

und fügen als Anhang die Präsenzliste bei, in der wir neben jedem Namen die vom Betreffenden vertretene Stimmenzahl angeben.

Wenn die Statuten vorschreiben, dass die Beschlüsse nur dann rechtsgültig sind, wenn ihnen mindestens die Hälfte der Mitglieder oder Delegierten zugestimmt hat oder anwesend war, muss unter «Anwesend» neben der Zahl der Anwesenden auch das absolute Mehr vermerkt werden.

Schreiben die Satzungen die Wahl von Stimmenzählern vor, so sind diese ebenfalls auf der Titelseite (vor dem Vorsitzenden) zu nennen.

Die Traktandenliste (Tagesordnung) ist *das Inhaltsverzeichnis* des Berichts und darf so wenig wie in einem Buch fehlen, denn sie ermöglicht das schnelle Auffinden einer Protokollstelle. Dem gleichen Zweck dient die Protokollnummer: Das Protokoll Nr. 64 finde ich rascher als jenes vom 16. November 19...

Für grössere Firmen, in denen sich im Laufe des Jahres die Berichte häufen, und für Protokolle, die auch an Aussenstehende verteilt werden und deshalb repräsentieren sollten, empfiehlt es sich, die Titelseite mit ihren feststehenden Angaben *drucken zu lassen:*

Merowina AG, Zürich

Protokoll Nr.

Art der Sitzung: ....
Datum: ....
Anwesend: ....

....

....

Abwesend entschuldigt: ....
Abwesend unentschuldigt:...
Vorsitz: ....
Protokollführer: ....

Traktanden (Tagesordnung)

....

....

....

....

....

....

....

....

....

....

Der Vordruck kann auch als Mehrzweckformular gestaltet
werden:

Merowina AG, Zürich

			Blatt	Blätter
			Ausgabe	
Abteilung	Gruppe	Bearbeiter	Zeichen	Datum

Betrifft

8.2 Das Protokoll

Im Beschlussprotokoll überschreiben wir den Hauptteil mit *«Beschlüsse»*.
Ist das zusammenfassende Protokoll kurz, setzen wir seinem Hauptteil den Titel *«Verhandlungen»* voran, erwähnen aber die Besprechungspunkte nicht mehr im Wortlaut, sondern schreiben nur noch 1. (2., 3.) und beginnen nach der Zahl sofort mit dem Bericht.

Ist das Protokoll jedoch umfangreich, so bilden die wörtlich angeführten Besprechungspunkte den Titel zu den jeweiligen Absätzen. Die einzelnen Punkte unterteilen wir in einen Abschnitt mit den Ausführungen des Referenten, der in den Besprechungspunkt einführt, einen zweiten mit der zusammengefassten Diskussion und einen dritten mit dem Beschluss.

Beispiel einer dreigliedrigen Darstellung:

Dir. Hofer erläuterte in längeren Ausführungen die Notwendigkeit, den Fabrikhof nach Norden zu erweitern. Die alltägliche Behinderung der ausfahrenden Lastwagen wird so lange nicht behoben werden können, als für das Ausweichen kein grösserer Platz zur Verfügung steht.

Diskussion: Die HH *Verwaltungsräte* sind überwiegend der gleichen Auffassung. Speditionschef *Möckli* machte zudem darauf aufmerksam, dass diese Kalamität durch Anschaffung von zwei weiteren Wagen noch vergrössert wird.

Beschluss: Der Verwaltungsrat hiess das von der GL vorgelegte Projekt zur Erweiterung des Fabrikhofes nach Norden gut.

Werden unter einem Besprechungspunkt verschiedene Geschäfte behandelt, unterteilen wir ihn nach den Regeln der Dezimalklassifikation. Buchstaben und römische Zahlen vermeiden wir.
Verhandeln verschiedene Parteien miteinander (zum Beispiel Geschäftsleitung und Arbeitervertreter), so wirken verschiedene Schriftarten, -grössen oder -farben optisch gut.

Vorteil: bessere Übersicht

Nachteil: grösserer Arbeitsaufwand

Bei Verhandlungen, die in verschiedenen Sprachen geführt werden, führen wir die Protokolle mit Vorteil einsprachig und übersetzen sie für die Anderssprachigen, damit sie für alle Leser verständlich sind.

8.3 Der Schlussteil

Wahrscheinlich kommt es von der Aufsatzlehre her, dass viele Protokolle mit einem ausführlichen Schlusssatz enden. Das ist nicht nötig. Sätze wie der folgende sind immer überflüssig:

«Nachdem sich unter dem Traktandum ,Verschiedenes' niemand zum Wort gemeldet hatte, schloss der Vorsitzende die diesjährige Delegiertenversammlung. Er dankte allen Delegierten für den Besuch der Versammlung und die wertvolle Mitarbeit. Schluss der Versammlung 16.45 Uhr.»

Befolgen Sie auch am Schluss den Grundsatz der Kürze!

---

6. Verschiedenes: —

Zürich, 16. 8. 19 . .

Der Protokollführer: Der Vorsitzende:

Verteiler:

Beilagen:

(allenfalls Hinweis auf nächste Sitzung)

Die Unterschrift des Vorsitzenden ist nicht nötig. Unterschreibt er, soll er es erst nach der Genehmigung des Protokolls tun.

Der Verteiler ist unbedingt nötig, wenn der Inhalt vertraulicher Natur ist. Er kann selbstverständlich auch auf der Protokoll-Titelseite aufgeführt werden.

Halten wir zusammenfassend fest:

Das in jeder Hinsicht gute und brauchbare Protokoll ist

wahr — knapp — klar — lebendig — übersichtlich.

8.4 Übungen

Vermögen Sie dem folgenden, der Praxis entnommenen Beschlussprotokoll eine bessere Fassung zu geben?

Wenn Sie die Aufgabe lockt, gehen Sie so vor:

— Erstellen Sie als erstes eine übersichtliche Protokoll-Titelseite. Es handelt sich um das Protokoll einer Abteilungsleitersitzung der städtischen Verwaltung. Die Spalten «Anwesend, Abwesend, Vorsitz und Protokollführer» können Sie nur andeuten, da Ihnen die nötigen Angaben fehlen. Die Tagesordnung in möglichst prägnanten Stichworten, auf die hier fälschlicherweise verzichtet wurde, müssen Sie nach der Lektüre des Protokolltextes selber finden.

— Versuchen Sie anschliessend, den umständlichen und teilweise schwerverständlichen Protokolltext sprachlich zu verbessern, klarer auszudrücken.

13. Protokoll der Sitzung vom Donnerstag, dem 28. März 19 . .

1. Es wird zur Kenntnis genommen, dass Herr Albert Haueter der Abteilung für Schädlingsbekämpfung am 11. 3. 19 . . verstorben ist.

2. Das neu ausgearbeitete Organisationsschema dat. 1. März 19 . ., welches in grossen Zügen die jedem Funktionär übertragenen Aufgaben nennt, wird den Mitarbeitern ausgehändigt.

3. Über die auftragsgemäss getroffene Koordination der Abteilungen Bau-, Gewerbe- und Lufthygiene referiert Herr Cochard. Folgende Richtlinien sind aufgestellt worden:
   a) In gastgewerblichen Betrieben, bei Neu- und Umbauten sowie bei Verbesserungen auf Grund von Auflagen durch die Abteilung Bauhygiene, wird die Abnahme von Ventilationsanlagen durch die Abteilung Gewerbehygiene durchgeführt.
   b) Begutachtungen von Lüftungsanlagen erfolgen durch die Abteilung Gewerbehygiene.
   Klagen wegen Immissionen durch Lüftungsanlagen gehen grundsätzlich zur Behandlung an die Abteilung Gewerbehygiene. Je nach Art des Falles wird diese mit der Lufthygiene oder Lärmbekämpfung Kontakt aufnehmen, wobei jedoch die Gewerbehygiene zur Bearbeitung des Falles federführend bleibt.

4. Die Chefs berichten über Probleme und Fragen aus ihren Abteilungen. Anlass zu besonderen Meldungen geben die Meldungen über verursachte Schäden an Personenwagen. Erforderlich ist, dass die verursachten Schäden an Dienstwagen der Unterabteilungen in jedem Fall schriftlich der Sanitätsgarage gemeldet werden müssen. Der Garagechef wird beauftragt, über diese Regelung eine schriftliche Dienstanweisung auszuarbeiten.

5. Aufgetretene Missstände bei der Suche nach Akten erledigter Geschäftsvorfälle lassen eine Neuorganisation als wünschbar erscheinen. Bestimmt wird, dass die in den Abteilungen Gewerbehygiene, Lärm-, Luft- und Schädlingsbekämpfung vorhandenen Originalakten wie Klage-Erhebungen, Berichte, Schreiben usw. in den Wohnungsakten im Archiv des Gesundheitsinspektorates Walchestrasse 33 zu deponieren sind.

6. Mit Rundschreiben der Personalabteilung vom 14. Januar 19... wird diese ab 1. Januar 19.. die gültige Neuregelung der Kinderzulagen erläutern. Jeder Mitarbeiter hat vom Inhalt Kenntnis zu nehmen und die Einsichtnahme schriftlich zu bestätigen.

7. Gemäss Weisung des Stadtratsbeschlusses vom 19. Dezember 19.. sind mit Wirkung ab 1. Januar 19.. bei allen Dienstreisen künftig die Belege über die effektiven Reisespesen den Rechnungen beizulegen.

9. Da neue Bestellscheine gedruckt werden müssen, liegen Muster zur Einsicht auf. Die Abteilungsleiter werden gebeten, den Text zu prüfen und eventuelle Änderungsvorschläge binnen einer Woche einzureichen.

Lösungsvorschlag

Stadtverwaltung

Protokoll Nr. 13

Art der Sitzung:	Abteilungsleiter
Datum:	28. März 19..
Anwesend:	

Abwesend entschuldigt:

Abwesend unentschuldigt:

Vorsitz:
Protokollführer:

Traktanden (Tagesordnung)

1. Personelles
   1.1 Veränderungen (Mutationen)
   1.2 Kinderzulagen
2. Organisation
   2.1 Organisationsschema
   2.2 Aktenablage
   2.3 Bestellscheine
3. Richtlinien für die Zusammenarbeit (Koordination)
4. Dienstwagen
5. Dienstreisen

Beschlüsse

1.1 Herr Albert Knüsel, Abteilung für Schädlingsbekämpfung, ist am 11.3.19.. gestorben. Seine Nachfolge regelt Herr Meier.
1.2 Ein Rundschreiben der Personalabteilung erläutert die vom 1.1. 19.. an gültige Regelung der Kinderzulagen. Jeder Mitarbeiter muss unterschriftlich bestätigen, dieses gelesen zu haben.
2.1 Alle Mitarbeiter erhalten das neue Organisationsschema, das ihre Aufgaben in grossen Zügen umschreibt.
2.2 Die Originalakten aller Abteilungen werden in Zukunft im Archiv des Gesundheitsinspektorates, Walchestrasse 33, abgelegt. (1)
2.3 Die Abteilungsleiter werden die Muster der neuen Bestell-

67

scheine begutachten und Änderungsvorschläge bis 4. 4. unterbreiten.

3. Die Abteilung Gewerbehygiene
   — nimmt bei Neu- und Umbauten von gastgewerblichen Betrieben sowie bei geforderten Verbesserungen die Ventilationsanlagen ab
   — begutachtet die Lüftungsanlagen
   — behandelt Klagen wegen Immissionen durch Lüftungsanlagen.

   Je nach Art des Falles nimmt sie jedoch mit den Abteilungen Lufthygiene oder Lärmbekämpfung Fühlung auf.

4. Schäden an Dienstwagen müssen schriftlich der Sanitätsgarage gemeldet werden. Der Garagechef wird auf den 31.3. eine Dienstanweisung ausarbeiten. (2)

5. Nach Stadtratsbeschluss vom 19. 12. 19. . müssen vom 1. 1. 19. . an alle Auslagen auf Dienstreisen durch Quittungen belegt werden.

Anmerkungen:

1. Folgende Befehlsformen stehen zur Auswahl:
   Die Akten sind in Zukunft . . . abzulegen (wirkt umständlich, sprachlich unelegant, unsicher, zaghaft und unpersönlich).
   Die Akten müssen in Zukunft . . . abgelegt werden (autoritär, des Tones wegen, deshalb nur bei mit dem Betrieb wenig verbundenen Arbeitern anwendbar oder bei strengen Vorschriften).
   Die Akten werden in Zukunft . . . abgelegt (überlegen, bestimmt, selbstverständlich).
   Die Akten werden wir in Zukunft . . . ablegen (freundliche Form für enge Mitarbeiter).

2. Bei Aufträgen muss sich der Protokollführer, falls es vergessen wird, noch während der Sitzung zum Wort melden und um Fristangabe bitten (vgl. dazu 1.2.2).

9 Arbeitsvorbereitung, Aufnahmetechnik und Niederschrift

9.1 Arbeitsvorbereitung

Je besser der Berichterstatter für die Sitzung vorbereitet ist, desto leichter fällt es ihm, den Verhandlungen zu folgen und diese im Protokoll festzuhalten. Zur Arbeitsvorbereitung gehören

— Kenntnis der Geschäftsordnung und der letzten Protokolle
— Erstellen eines Abkürzungsverzeichnisses für immer wiederkehrende Branchen- und Verhandlungswörter sowie für die Namen der Beteiligten
— Studium der Tagesordnung, der bereits vorliegenden Anträge, der Sitzungsunterlagen und der Kontrollkarten mit den Aufträgen. Ist dem Protokollführer ein Traktandum unklar, so verschafft er sich vor der Sitzung darüber Klarheit.
— Vorbereiten der Anwesenheitsliste, Erstellen einer Sitzordnung
— Bereitstellen der Schreibgeräte, des Notizblocks, bei Bedarf des Tonbandgerätes
— Führt der Protokollführer einen nach Sachgebieten geordneten Bericht, wird er jene Blätter oder Karteikarten zur Sitzung mitbringen, die Auskunft über die Gebiete geben, die verhandelt werden.

9.2 Aufnahmetechnik

Gutes Protokollieren setzt eine vernünftige Aufnahmetechnik voraus: Wer alles mitzuschreiben versucht, kann sich nicht genügend auf den behandelten Stoff konzentrieren und verliert leicht die Übersicht. Zudem ermüdet er rasch; seine Berichte sind im ersten Teil zu ausführlich, im zweiten Teil zu knapp und deshalb häufig sachlich nicht mehr richtig. Wer wenig notiert, kann sich zwar gut auf die Verhandlung konzentrieren, braucht aber ein überdurchschnittliches Gedächtnis, um sich trotz knapper Aufzeichnungen nach der Sitzung doch alles Wichtige zu vergegenwärtigen. Halten Sie sich deshalb bei der Protokollaufnahme an folgendes:

— Notieren Sie in Stichworten, was wesentlich ist, wichtig erscheint oder Bedeutung erlangen könnte.
— Gestalten Sie Ihre Notizen übersichtlich! Für jeden Punkt der Tagesordnung nehmen Sie ein neues Blatt. Die Äusserungen jedes Sprechers halten Sie in einem besonderen Abschnitt fest. Unterstreichen Sie wichtige Stellen, damit Sie diese bei Bedarf sofort auffinden.
— Beschreiben Sie den Schreibblock nur auf der linken Seitenhälfte. Wenn Sie den rechten Teil für den Entwurf freihalten, haben Sie jederzeit die Möglichkeit zu prüfen, ob Sie nichts Wichtiges übersehen haben.
— Klären Sie Unklarheiten sofort ab. Unterbrechen Sie notfalls die Sitzung oder schreiben Sie die Frage auf einen besonderen (andersfarbigen) Zettel, um unmittelbar nach der Sitzung darauf die Antwort zu erhalten.
— Lassen Sie sich von einem Sachverständigen die allenfalls nicht ganz verstandenen technischen Punkte erklären.
— Lesen Sie Berichtigungen des Protokolls und die Beschlüsse den Sitzungsteilnehmern vor, um sich zu vergewissern, dass der Wortlaut richtig ist.

9.3 Niederschrift

Sie sparen sich Zeit und Mühe, wenn Sie systematisch vorgehen:
— Verfassen Sie das Protokoll so rasch wie möglich, dann wird Ihnen das Gedächtnis mit seinen noch frischen Eindrücken helfen.
— Lesen Sie zuerst alle Notizen. Unterstreichen Sie das Wichtige mit Rotstift; streichen Sie alles Unwesentliche.
— Überlegen Sie, wie Sie das Protokoll gliedern wollen:
nach dem chronologischen Ablauf oder
nach sachlichen Gesichtspunkten.
— Entwerfen Sie das Protokoll auf der rechten, freigelassenen Seite des Schreibblocks.
— Bereinigen Sie den Entwurf in sprachlicher Hinsicht.
— Überlegen Sie, wie viele Exemplare hergestellt und an wen

sie verteilt werden müssen (vielleicht nicht nur an die Teilnehmer, sondern auch an vorgesetzte oder sonst interessierte Stellen).

— Schreiben Sie das Protokoll ins reine. Erstellen Sie mindestens drei Exemplare zuviel.

— Senden Sie das Protokoll so rasch wie möglich den Empfängern mit einem kurzen, freundlichen Begleitschreiben und weisen Sie darin auf die für den Empfänger besonders wichtigen Stellen hin.

— Werten Sie das Protokoll erst aus, nachdem es genehmigt worden ist.

10   Zusammenfassungen

Nach dem bisherigen Studium dieses Büchleins wissen Sie, dass Ihnen vor allem das zusammenfassende Protokoll Schwierigkeiten bereiten wird, denn

— es muss den Verhandlungsablauf so wiedergeben, wie er sich in allen wichtigen und entscheidenden Phasen abgespielt hat

— es darf nur das enthalten, was für die spätere Auswertung wichtig ist

— die Sprache muss einfach, der Bericht so knapp wie möglich sein.

Wie gewinne ich denn die nötige Übersicht? Wie lerne ich das Wesentliche erkennen?
Auch das können Sie zu Hause erlernen. Einige kleinere Aufgaben werden Sie im folgenden nach Anweisungen lösen. Sie werden sehen, wie Sie vorgehen müssen, um auch dieses schwierigste Ziel zu erreichen. Die Übungen dieses Büchleins werden aber bei weitem nicht ausreichen. Nur wenn Sie auch nach Beendigung dieser Lektüre nach Anweisung beständig weiterüben, werden Sie mit der Zeit die Sicherheit erlangen, die Sie in der Praxis benötigen.
Die beste Übung für den Anfang ist das Zusammenfassen von einfachen, später schwierigeren Texten. Wie Sie dabei vorgehen sollten, zeigt Ihnen das nächste Kapitel.

10.1   Arbeitshinweise

Wenn Sie einen Artikel oder Aufsatz zusammenfassen, tun Sie dasselbe wie der Protokollführer: Sie halten von einer Aussage nur die wesentlichen Bestandteile fest. Trotzdem ist Ihre Aufgabe weniger schwierig als die des Protokollführers, weil

— Sie den Text beliebig oft lesen können, bevor Sie ihn zusammenfassen

— die Sprache des schriftlichen Textes (meist) ausgefeilt und unmissverständlich ist, was auf den mündlichen Vortrag bei weitem nicht im selben Ausmass zutrifft

— es sich um die unangefochtene Meinung eines Einzelnen handelt und keine in einer raschen Diskussion geäusserten Gegenargumente Ihre Arbeit erschweren.

Beim Zusammenfassen wie beim Protokollieren geht es — bildlich gesprochen — darum, das Erz zu entschlacken, es aus dem wertlosen Gestein zu schmelzen, von dem es umschlossen ist.

Sie würden deshalb Ihre Aufgabe falsch lösen, wenn Sie versuchten, jeden Abschnitt auf einen Drittel seiner Länge zu kürzen, denn nicht in jedem Abschnitt steht gleichviel Wichtiges. (Beim Protokollieren räumen Sie einem Sitzungsteilnehmer, der

Wenn Sie zum Beispiel einen dreispaltigen Artikel zusammenfassen,

so darf Ihre Zusammenfassung nicht so aussehen:

so hingegen ist sie vielleicht richtig:

zehn Minuten lang gesprochen hat, auch nicht von vornherein doppelt so viel Raum ein wie jenem, der fünf Minuten lang referiert hat, denn Sie wissen, dass mit wenig Worten viel gesagt werden kann und umgekehrt.)

Gehen Sie bei allen Übungen folgendermassen vor:
— Lesen Sie den Text langsam und konzentriert durch; fragen Sie sich anschliessend, ob Sie ihn in allen Teilen verstanden haben. Wenn das zutrifft, dann
— Lesen Sie ihn zum zweiten Mal. Streichen Sie am Rand die Stellen an, die Bedeutendes aussagen. (Wenn Sie die Stellen unterstreichen, laufen Sie Gefahr, diese wortgetreu statt gekürzt zu übernehmen.)
— Halten Sie vorerst nur die Kernaussagen in einigen wenigen, kurzen, möglichst prägnanten Sätzen fest; Sie gewinnen damit die nötige Übersicht; Ihre Zusammenfassung erhält dadurch ihr Konzept.
— Arbeiten Sie die Zusammenfassung aus, indem Sie die Kernteile — ergänzt durch die weiteren wissenswerten Aussagen — so miteinander verbinden, dass sie zusammenhängen und ineinander übergehen.
— Geben Sie der Zusammenfassung als Überschrift den Titel des Artikels, und nennen Sie den Autor sowie die Zeitschrift mit Datum und Nummer, in der die Arbeit veröffentlicht wurde.
— Prüfen Sie Ihre Arbeit nach zwei Richtungen hin:
— Ist sie für jedermann leicht verständlich? — Weiss der Leser meiner Zusammenfassung gleich viel wie derjenige, der den Artikel gelesen hat?

11 Beispiele

11.1 «Der Grippe zuvorkommen»

In der Zeitschrift «Jungkaufmann» lesen wir unter dem Titel «Der Grippe zuvorkommen» folgenden Text:

«Viele tausend Arbeiter und Angestellte leiden jeden Winter an Erkältungskrankheiten. Der Ausfall an Arbeitsstunden belastet die ganze Volkswirtschaft. Auch wenn jemand noch so arbeitswillig ist, mit hohem Fieber kann er nicht arbeiten, und es dauert tatsächlich oft zwei bis drei Wochen, ehe man völlig wiederhergestellt ist.

Darüber hinaus gibt es viele alte Menschen, deren Herz und Kreislauf längst nicht mehr in Ordnung sind. Bei richtiger Pflege und mit den entsprechenden Medikamenten können sie ihre täglichen Pflichten erfüllen und fallen niemandem zur Last. Eine mit hohem Fieber einhergehende Verkühlung bedingt aber ausnahmslos eine lebensgefährliche Verschlimmerung vorhandener Altersleiden.

Die Impfung gegen die grippeähnlichen Erkrankungen, kurz auch Grippeimpfung genannt, ist besonders bei allen Herz- und Lungenleiden, nach Herzinfarkten, beim hochgradigen Emphysem und bei verschiedenen Stoffwechselstörungen zu empfehlen. Die Impfung ist unschädlich und daher für jedermann geeignet.

Man muss aber wissen, dass es sich dabei um eine aktive Schutzimpfung handelt, dass durch die Impfung der Körper erst zur Bildung von Abwehrstoffen angeregt wird. Diese Bildung von Abwehrstoffen, sogenannten Antikörpern gegen die Grippeviren dauert zwei bis vier Wochen. Erst nach Ablauf dieser Frist ist man gegen die Erkältungskrankheiten praktisch immun.

Der günstigste Impftermin ist daher die Zeit vor dem Einbruch des nasskalten Herbst- und Winterwetters, also während des Oktobers. Es ist nicht zu empfehlen, mit der Grippeimpfung erst dann zu beginnen, wenn in der ganzen Umgebung bereits Husten und Schnupfen massenweise aufgetreten sind, denn in den ersten Wochen nach der Impfung ist der Körper unter Umständen sogar leicht geschwächt. Eine Infektion kann dann schwerer als sonst verlaufen.

Alljährlich kommen viele Patienten zum Arzt und verlangen eine Grippeimpfung, wenn es bereits zu spät ist. Finanzielle Gründe sind dafür sicher nicht entscheidend, denn die herkömmlichen Präparate wie Influvac und andere sind relativ billig, und besonders die Depotform hat eine fast einjährige Wirkungsdauer. Wer sich jetzt, so rasch als möglich, impfen lässt, hat somit die fast hundertprozentige Gewähr, in dieser ganzen Zeit von jeglicher Verkühlung verschont zu bleiben. Und für Betriebe gibt es ja die bekannte Impfkanone. In ganz kurzer Zeit können mit ihr Hunderte von Arbeitern rasch und schmerzlos geimpft werden.»

Dr. med. H. F. Hillmann (SKN)

Lösen wir diese erste Aufgabe gemeinsam! — Der Text ist einfach; Sie haben ihn sicher auf Anhieb verstanden. Streichen Sie am Rand die Sätze an, die Ihrer Ansicht nach die wichtigsten Aussagen enthalten.

Wahrscheinlich haben Sie ebenfalls folgende Sätze hervorgehoben:

Viele tausend Arbeiter und Angestellte leiden jeden Winter an Erkältungskrankheiten. Der Ausfall an Arbeitsstunden belastet die ganze Volkswirtschaft. — Eine mit hohem Fieber einhergehende Verkühlung bedingt ausnahmslos eine lebensgefährliche Verschlimmerung vorhandener Altersleiden. — Die Impfung ist unschädlich und daher für jedermann geeignet. Man muss aber wissen, dass es sich dabei um eine aktive Schutzimpfung handelt, dass durch die Impfung der Körper erst zur Bildung von Abwehrstoffen angeregt wird. — Der günstigste Impftermin ist daher die Zeit vor dem Einbruch des nasskalten Herbst- und Winterwetters, also während des Oktobers. Die herkömmlichen Präparate sind relativ billig. — Für Betriebe gibt es die Impfkanone. In kurzer Zeit können mit ihr Hunderte von Arbeitern rasch und schmerzlos geimpft werden.

Versuchen Sie nun, den Inhalt des Artikels in drei möglichst einfachen Sätzen wiederzugeben. Klammern Sie sich nicht an die
von Dr. Hillmann verwendeten Formulierungen; Sie dürfen für
die Zusammenfassung ohne weiteres auch eigene Worte wäh-
len.

Vergleichen Sie anschliessend Ihre drei Sätze mit meinem Lösungsvorschlag:
Die Grippe schädigt die Volkswirtschaft und gefährdet alte Leute.
Wer sich rechtzeitig gegen die Grippe impfen lässt, wird von
ihr verschont. Mit der Impfkanone können selbst Grossbetriebe
in kurzer Zeit die ganze Belegschaft impfen lassen.

Fügen Sie die weiteren wichtigen Aussagen ein und verbinden
Sie die Kerngedanken zu einem logisch aufgebauten, zusam-
menhängenden Text, den Sie im Titel als Zusammenfassung mit
Quellenangabe vorstellen!

Der Grippe zuvorkommen
Zusammenfassung eines Artikels von Dr. med. H. F. Hillmann
(SKN) erschienen im «Jungkaufmann»

Tausende von Arbeitsstunden gehen unserer Volkswirtschaft
jährlich wegen der Grippe verloren; für alte und herzkranke Menschen ist sie sogar lebensgefährdend. Mit der unschädlichen und
relativ billigen Grippeimpfung kann sich jedermann wirksam vor
dieser Krankheit schützen. Da sie jedoch eine Schutzimpfung ist,
die Abwehrstoffe bildet, muss sie unbedingt *vor* der Grippezeit,
also schon im Oktober, erfolgen. Mit der Impfkanone können
selbst Hunderte von Betriebsangehörigen in sehr kurzer Zeit
schmerzlos geimpft werden.

11.2 «Sprung nach vorn»

Von F. Gröteke in «Die Zeit»

Die sportlich-fairen Engländer verkündeten als erste ihre Niederlage: «Italien hat uns wirtschaftlich überholt», gab sich der *Economist* geschlagen. «Bei gleichen Wechselkursen wird das italienische Sozialprodukt in diesem Jahr um drei Prozent über dem britischen liegen», meldete daraufhin stolz die italienische Wirtschaftszeitung *Il Mondo*. Italien ist zur fünftgrössten Industrienation der westlichen Welt geworden, frohlockt die Regierung in Rom.

Wer sich allerdings vor Augen hält, dass die Lira im internationalen Währungschor überbewertet, das Pfund aber derzeit unterbewertet ist, der sieht die Dimensionen wieder richtiger. Und noch ein weiterer Wermutstropfen fällt in den italienischen Freudenbecher: Die Überbewertung der Lira ist wegen einer inneren Schwäche der italienischen Volkswirtschaft dringend erforderlich. Italiens Staatsschuld übersteigt nämlich das jährliche Sozialprodukt, und allein die Zinszahlungen machen ein Zehntel dieses Sozialproduktes aus. Damit ist Italien das relativ am stärksten verschuldete Industrieland der westlichen Welt. Roms Schatzamt braucht ständig immense neue Mittel. Damit das Geld nicht aus dem Land fliesst, hält die Notenbank den Diskontsatz seit Mai vergangenen Jahres bei zwölf Prozent. Das wiederum hält auch den Lirakurs hoch, denn wo sonst findet das nationale und internationale Kapital eine derart hohe Verzinsung wie in Italien?

Dennoch lässt sich nicht leugnen, dass die italienische Wirtschaft derzeit läuft. Privatindustrie und Dienstleistungswirtschaft haben in den vergangenen Jahren durchgreifend rationalisiert. Beide Bereiche können auf dem Weltmarkt sehr gut mithalten. Die Börse gedeiht seit zwei Jahren prächtig. So gut, dass Italiens Unternehmen erstmals genügend Kapital haben, um in grossem Umfang im Ausland Beteiligungen zu kaufen. Vor zehn Jahren geisselte Italiens öffentliche Meinung Anlagen im Ausland noch als Kapitalflucht. Heute ist sie stolz darauf, dass «Italien, bisher vorwiegend Feld für ausländische Investitionen, nunmehr selbst wirtschaftlicher Kolonisator geworden ist», wie *Il Mondo* schreibt.

In England, darüber sind sich *Economist* und *Il Mondo* einig, gibt es überdies derzeit keine Wirtschaftsführer vom Schlage eines Giovanni Agnelli, Raul Gardini oder Carlo De Benedetti. «Aber natürlich müssen wir uns davor hüten zu glauben, dass alle unsere Unternehmer Agnellis wären», räumen die Italiener ein. Wahr bleibt jedoch, dass auch im Mittelfeld sehr gute Leute spielen. Das wirtschaftliche Schicksal von Italien hängt von der Weiterverarbeitung ab. In den vergangenen fünf Jahren hat das Land gewaltig aufgeholt, was die Veredelung hochwertiger Produkte und das Schaffen von Know-how betrifft. Und es kommt nicht so sehr darauf an, ob die Italiener mehr Waschmaschinen und die Engländer mehr Fernsehapparate besitzen, als vielmehr auf die Wettbewerbsstärke der Unternehmen. Und da haben die Italiener gegenüber den Engländern die Nase vorn.

Derzeit gibt es Anzeichen dafür, dass Italiens Sozialprodukt zum Jahresende 1987 nicht nur um drei, sondern um dreizehn Prozent höher liegen wird als im Vorjahr. Das statistische Staatsamt trägt sich nämlich mit dem Gedanken, als Ausgleich für die nicht erfassbare Produktion der Schattenwirtschaft einfach zehn Prozent auf die messbaren Gesamtleistungen aufzuschlagen.

Der Vorteil: Die Regierung kann ihr Versprechen halten, dass die Steuerbelastung im Verhältnis zum Sozialprodukt nicht steigt und dennoch zugleich mehr Steuern kassieren. Ausserdem kann der Schatzminister sicher sein, dass die Staatsschulden im Verhältnis zum Sozialprodukt sinken – wie er es angekündigt hat.

Welches ist die Kernaussage?

Vergleichen Sie Ihre Aufstellung der wichtigsten Gründe mit dem nachfolgenden Lösungsvorschlag.

Lösungsvorschlag:

Italien hat England aus folgenden Gründen vom fünften Platz unter den westlichen Industrienationen verdrängt:

1. Italiens Privatindustrie und Dienstleistungsbetriebe sind infolge Rationalisierung konkurrenzfähig geworden.
2. Die Wettbewerbsfähigkeit ist auch wegen besserer Wirtschaftsführer grösser als in England.
3. Das Bruttosozialprodukt wird dieses Jahr um mindestens 3% über dem in England liegen.

Entwerfen Sie nun die Zusammenfassung, und vergleichen Sie auch diese mit dem Lösungsvorschlag.

Lösungsvorschlag:

Italien hat England vom fünften Rang unter den westlichen Industrienationen verdrängt, obwohl es das relativ am stärksten verschuldete Industrieland ist. Um Kapitalflucht zu verhindern, liegt der Diskontsatz gegenwärtig bei 12%, was den Lirakurs hochhält und zu einer Überbewertung dieser Währung geführt hat.

Privatindustrie und Dienstleistungsbetriebe sind einerseits wegen Rationalisierung, aber auch nicht zuletzt dank der gegenüber England besseren Wirtschaftsführer weltweit konkurrenzfähig geworden, was ihnen ermöglicht, sich an ausländischen Unternehmungen zu beteiligen.

Das Bruttosozialprodukt ist um 3% höher als in England, Ende 1987 vielleicht sogar um 13%, wenn nämlich das statistische Staatsamt zum Ausgleich der nicht erfassbaren Produktion 10% auf die erfassbaren Leistungen schlägt. Dieser Trick hätte für die Regierung den Vorteil, dass 1. die Steuerbelastung im Verhältnis zum Sozialprodukt nicht steigt und trotzdem mehr Steuern eingenommen würden und 2. dass die Staatsschulden im Verhältnis zum Sozialprodukt sinken.

11.3 «Arbeitsloses Kapital?»

Aus «Die Weltwoche», Nr. 1626
Von Professor Emil Küng

Immer imperativer wird die Forderung erhoben, die Schweiz dürfe sich nicht damit begnügen, die Zahl der ausländischen Arbeitskräfte konstant zu halten, sondern sie habe noch einen Schritt weiter zu gehen und das zugelassene Kontingent allmählich zu verkleinern. Dafür lassen sich gewiss soziologische, politische oder konfessionelle Argumente ins Feld führen. Bei einer wirtschaftlichen Betrachtungsweise dagegen müssen die schwersten Einwände gegen ein solches Vorgehen erhoben werden.

Wie liegen die Dinge in dieser Hinsicht? Da sich die schweizerische Wirtschaft in den vergangenen Jahren so weit ausgedehnt hat, konnte sie mit den einheimischen Arbeitskräften nicht mehr auskommen und zog Einwanderer zu Hunderttausenden heran. Für diese zusätzlichen Mitarbeiter wurden Arbeitsplätze bereitgestellt. In einer ganz überschlagsmässigen Berechnung darf man vielleicht annehmen, dass pro Kopf etwa 50 000.— investiert wurden, sei es für Maschinen oder Transportmittel, für Gebäude oder Vorräte. Diese Primärinvestitionen sind nun vorhanden, finanziert durch die betreffenden Unternehmungen oder mittelbar durch den Kreditmarkt.

Würde man in der geschilderten Lage dazu übergehen, die angestellten ausländischen Arbeitskräfte wieder nach Hause zu schicken, so wäre dies offenkundig gleichbedeutend damit, dass Arbeitsplätze verwaisten. Die Plätze an der Werkbank stünden leer, und die Maschinen könnten nicht mehr bedient werden. Die Kapitalkosten liefen nach wie vor auf, ohne dass aber die sachlichen Produktionsmittel einen Ertrag abwerfen würden. Das ist es, was man als «arbeitsloses Kapital» bezeichnen kann. Es liegt auf der Hand, dass ein derartiger Zustand für die betroffenen Firmen ausserordentlich schwerwiegende Konsequenzen hätte. Ebenso klar ist jedoch, dass unausgenützte Produktionskapazitäten volkswirtschaftlich gesehen überaus negativ zu beurteilen sind, denn es kommen darin Investitionen zum Ausdruck, die sich nun als Fehlinvestitionen herausstellen. Die unmittelbare Ursache für die beschäftigungslosen Maschinen aber wäre die von oben herab verfügte Reduktion der Fremdarbeiterzahl.

Gewiss lässt sich die Auffassung vertreten, die schweizerische Wirtschaft hätte nie so stark über die «landeseigene Bevölkerungsbasis» hinaus expandieren dürfen. Das ist vollkommen richtig. Nur hat man es eben zugelassen, ohne rechtzeitig und wirksam dagegen einzuschreiten. Nachdem wir die Überdimensionierung des sachlichen Produktionsapparates aber einmal vor uns haben, hat es wenig Sinn, in der Vergangenheit gemachte Fehler anzuprangern. Die einzig sinnvolle Frage bezieht sich vielmehr darauf, wie wir mit dem nicht auszuschlagenden Erbe am besten fertig werden. Und dieses Erbe besteht darin, dass die 50 000.— Primärinvestitionen je Kopf gemacht sind und so gut als möglich ausgewertet werden müssen. Dazu sind die allermeisten der bereits im Lande befindlichen Arbeiter nötig.

Darüber hinaus haben wir uns freilich Rechenschaft zu geben, dass auch noch erhebliche Beträge an Sekundärinvestitionen nachzuholen sind. Rechnen wir der Einfachheit halber wiederum mit 50 000.— je Person, so geht schon daraus hervor, dass es sich um riesige Summen handelt, die für Wohnungen und Schulen, Strassen und Krankenhäuser, Energieversorgung und Telefoneinrichtungen, Post und Bahn, Kehricht und Abwasser aufgewendet werden müssen. Wer A sagt, muss auch B sagen. Nachdem die Arbeitsplätze bemannt wurden, gilt es nun auch, die Infrastruktur entsprechend anzupassen.

Die Milliarden, die dafür erforderlich werden, stammen allerdings nur zum Teil von denen, die Sekundärinvestitionen nötig gemacht haben. Die Zuwanderer gehören überwiegend zu den einkommensschwachen Schichten und fallen daher als Steuerzahler wenig ins Gewicht. Die Unternehmungen anderseits, die sie hereinholten, stellen gewiss manchmal einen Teil der Wohnungen zur Verfügung. Im übrigen aber ist es in allererster Linie die öffentliche Hand, die die Lasten zu tragen hat. Sie hält sich ihrerseits wiederum zur Hauptsache an die kaufkräftigeren Steuerzahler, denen sie notgedrungen einen grösseren Teil ihres Einkommens abknöpft. Darin könnte man vielleicht eine Art von ausgleichender Gerechtigkeit erblicken: Die Schweizer, die dank der Einschaltung von so vielen Ausländern in den Produktionsprozess in höhere Posten hinaufrückten, also besser verdienten oder sonstwie von dem beschleunigten Wirtschaftswachstum profitierten, werden nun nachträglich daran erinnert, dass man nicht ungestraft die Früchte anderer essen darf. Sie werden herangezogen zur Finanzierung jener Lawine von Sekundärinvestitionen, die sich ergibt aus der vollen Eingliederung der ausländischen Gäste in die schweizerische Wirtschaft.

Im übrigen liesse sich vieles geltend machen zugunsten einer Lösung, bei der jene die grössten zusätzlichen Beiträge zu den wachsenden Ausgaben der Gemeinden, der Kantone und des Bundes zu leisten hätten, die sie verursachten, nämlich die Arbeitgeber, und im besonderen diejenigen mit den meisten ausländischen Beschäftigten. Dies liefe auf eine Art von «Fremdarbeitersteuer» hinaus, bei der allerdings die Grenzgänger und Saisonarbeiter auszuklammern wären, weil sie keine Sekundärinvestitionen grösseren Ausmasses hervorrufen. Wollen sich die Arbeitgeber nicht dem Risiko aussetzen, dass die Gesamtzahl der ausländischen Arbeitskräfte aus emotionalen Gründen drastisch herabgesetzt wird und dass demzufolge bei ihnen arbeitsloses Kapital entsteht, so schiene es sogar klug, wenn sie von sich aus einen derartigen Vorschlag ausarbeiteten und anbieten würden. Warum soll nicht die Wirtschaft für die Gesamtheit jener Kosten aufkommen, die sie auf dem Gewissen hat, auch wenn sich ein Teil dieser Kosten nicht in ihrer eigenen privatwirtschaftlichen Rechnung niederschlägt, sondern in der öffentlichen Hand?

Die Idee ist sogar um so verlockender, als damit noch ein zweiter Zweck erreicht werden könnte. Je teurer eine ausländische Arbeitskraft den Arbeitgeber insgesamt (unter Berücksichtigung der Steuer) zu stehen kommt, desto weniger wird er geneigt sein, solche Leute einzustellen. Im Idealfall müsste es somit möglich sein, die Steuerbelastung hoch genug anzusetzen, damit alle Arbeitgeber zusammen nicht mehr ausländische Arbeiter zu haben wünschen, als bereits da sind. Wären wir soweit, so könnten alle die verteufelten Plafonierungsmassnahmen als überflüssig aufgehoben werden. Sie wären dann in ihrer Wirkung ersetzt durch marktkonforme Mittel, die erst noch den Vorteil hätten, dem Fiskus Einnahmen abzuwerfen, mit denen die Sekundärinvestitionen ganz oder teilweise bestritten werden könnten.

Natürlich ist die Sache technisch nicht so einfach, wie sie hier dargestellt wurde. Zudem vermöchten einzelne Firmen die zusätzliche Belastung nicht zu tragen und müssten ihre ausländischen Arbeiter freigeben. Dafür vermöchten andere, leistungsfähigere, ihren Personalbestand wieder nach Belieben aufzufüllen, und es käme so die Nachfragekonkurrenz auf dem Arbeitsmarkt erneut zum Zuge. Wäre es nicht eine reizvolle Aufgabe für die zuständigen Stellen und die planwirtschaftlichen Organisationen, sich ein «Anschlussprogramm» von dieser markwirtschaftsangepassten Art auszudenken?

Fassen Sie den Artikel zusammen und vergleichen Sie mit dem nachfolgend vorgeschlagenen Text.

Arbeitsloses Kapital?

Zusammenfassung eines Artikels von Prof. Emil Küng, erschienen im Wirtschaftsteil der «Weltwoche» Nr. 1626

Vom wirtschaftlichen Gesichtspunkt aus gesehen ist eine Verringerung der Fremdarbeiterzahl unsinnig, denn jeder neugeschaffene Arbeitsplatz hat den Arbeitgeber rund 50 000.— an Primärinvestitionen gekostet. Wird die Zahl der Fremdarbeiter herabgesetzt, so liegt dieses Kapital ertragslos brach und ist demnach fehlinvestiert worden.

Der Grossteil der Sekundärinvestitionen in ungefähr derselben Grössenordnung muss jedoch vom schweizerischen Steuerzahler aufgebracht werden. Prof. Küng fände es aus folgenden drei Gründen gut, wenn auch diese Kosten — über eine Fremdarbeitersteuer — von den sie indirekt verursachenden Arbeitgebern getragen würden:

1. Das Volk liesse sich dadurch besänftigen und würde nicht mehr aus emotionalen Gründen eine Herabsetzung der Fremdarbeiterzahl fordern.
2. Wenn die Steuer hoch genug angesetzt würde, hätte kein Arbeitgeber ein Interesse daran, noch mehr Fremdarbeiter zu beschäftigen, so dass die gegenwärtige Zahl auch ohne Plafonierungsmassnahmen kaum mehr überschritten würde.
3. Einzelne wenig konkurrenzfähige Firmen wären gezwungen, Fremdarbeiter zu entlassen, die von rationelleren Betrieben übernommen werden könnten. Die Nachfragekonkurrenz auf dem Arbeitsmarkt wäre damit wieder hergestellt.

Prof. Küng fordert in seinem Artikel Staat und Arbeitgeber auf, ein Anschlussprogramm von solch marktwirtschaftsangepasster Art auszuarbeiten.

11.4 «Entpolitisierung des Fiskus?»

Entpolitisierung des Fiskus?
Aus «Die Weltwoche», Nr. 1737

In manchen Kreisen gilt es heute als ausgemacht, dass die öffentliche Hand die Hauptschuldige für das Fortschreiten der Teuerung ist. Sind bei ihr denn nicht Ausgabenüberschüsse anzutreffen, die die Inflation anheizen? Entzieht sie nicht der Privatwirtschaft Kapitalien, indem sie den Kreditmarkt durch ihre Nachfrage austrocknet und die Zinsfüsse hoch hält? Handelt es sich bei ihr nicht um jene Instanz, die sich gegenwärtig konjunkturpolitisch am wenigsten diszipliniert verhält? Wahlgeschenke und Subventionen, Ausgabenexplosion und Defizite — das sind die Stichworte, die in diesem Zusammenhang fallen. Sollte da nicht endlich eingeschritten werden?

Wir wollen hier diese Anklagen nicht auf ihre Berechtigung prüfen, sondern einen Vorschlag unter die Lupe nehmen, der zur Abhilfe der Missstände gemacht wurde. Er orientiert sich am Modell der Notenbank, die in den meisten Ländern als Körperschaft aufgebaut ist, welche gegenüber dem Staat eine weitgehende Unabhängigkeit geniesst. An ihrer Spitze stehen Fachleute und nicht Politiker. Sie haben weder in erster Linie hohe Reinerträge herauszuwirtschaften noch der Regierung Rechenschaft abzulegen, sondern sind im wesentlichen autonom und brauchen lediglich das Gemeinwohl im Auge zu behalten — so, wie sie selbst es interpretieren. Das Geldwesen ist mit anderen Worten bewusst entpolitisiert und dem Missbrauch durch die Exekutive oder das Parlament entzogen. Es herrscht eine Gewaltentrennung, wie sie dem Wesen des Rechtsstaates gemäss ist.

Sollte man nun nicht — so lautet die Frage — dasselbe Prinzip auch auf den Fiskus anwenden? Wäre es nicht angesichts der schlechten Erfahrungen der jüngsten Vergangenheit am Platze, den Finanzbehörden eine ähnliche Unabhängigkeit gegenüber den Politikern einzuräumen? Sind es nicht die Ausgabenüberschüsse der Volksvertreter, welche die Fehlbeträge hervorgerufen haben? Gewiss, der Fiskus liesse sich wohl kaum zu einer ebenso selbständigen Institution ausbauen wie die Notenbank. Aber zumindest wäre eine Lösung ins Auge zu fassen, welche der Regierung die alleinige Befugnis übertrüge, die Ausgaben zu beschliessen und die Steuern zu fixieren.

Was ist von dieser Idee zu halten? Für einen reinen Technokraten erscheint sie möglicherweise verführerisch. Wer demgegenüber auch nur einigermassen mit der Entstehungsgeschichte und dem Funktionieren unserer demokratischen Einrichtungen vertraut ist, wird sie rundweg als nicht realisierbar und wirklichkeitsfremd ablehnen — insbesondere auf den Stufen der unteren Gebietskörperschaften. Er wird darauf hinweisen, dass das Parlament vielerorts den Kaisern, Königen und Fürsten die Finanzkompetenz in einem erbitterten Ringen allmählich entzogen hat und dass es nicht bereit sein wird, auf ein Recht zu verzichten, das von so zentraler Bedeutung ist.

In der Tat ist die Analogie zwischen Notenbank und Fiskus in verschiedener Hinsicht anfechtbar. Wenn der Diskontsatz herauf- oder herabgesetzt wird, kann man den Standpunkt vertreten, dass es sich dabei um eine wirtschaftlich-technische Angelegenheit handle. Wenn demgegenüber Staatsausgaben beschlossen oder gekürzt werden, dreht es sich unweigerlich um politische Entscheide. Es geht darum, ob eine Bevölkerungsgruppe wie die Landwirtschaft zu unterstützen sei und in welchem Ausmasse dies zu geschehen habe. Es fragt sich, ob eine bestimmte Gegend der staatlichen Hilfe teilhaftig werden solle oder nicht. Die zuständigen Stellen haben sich darüber schlüssig zu werden, ob die Hochschulen und die wissenschaftliche Forschung durch die Zentralgewalt zu fördern seien und in welchem Umfange. Soll die Sozialpolitik zugunsten der untern Einkommensschichten erweitert werden oder nicht?

Wenn es jedoch politische Entscheide sind, die gefällt werden müssen, dann sollen es auch die politischen Instanzen sein, die sie treffen. Nicht Finanzexperten oder ökonomische Fachleute, juristische oder technische Spezialisten sind dann mit der Zuständigkeit auszustatten, sondern jene, die vom Volk und der Verfassung damit beauftragt wurden, die Allgemeinheit zu repräsentieren und ihrem Willen Ausdruck zu verleihen. Ihre Aufgabe ist es, nicht nur die Gesichtspunkte der Spezialisten aller Richtungen zu beachten, sondern darüber hinaus den Anforderungen der Politik im weitesten Sinne des Wortes Geltung zu verschaffen. Wenn es bei der Befolgung dieser Richtlinien unter Umständen zu Defiziten kommt, obwohl die Fachleute der Konjunktur und des Geldwertes dagegen Einwände erheben — nun, dann haben eben die Politiker vor dem Volke die Verantwortung dafür zu tragen. Sie werden das tun vielleicht mit dem Hinweis darauf, dass es noch wichtigere Gesichtspunkte gebe als nur die genannten.

Jedenfalls käme es einer Entmannung der Demokratie und des Pluralismus gleich, wenn die verschiedenen Bevölkerungs- und Wirtschaftsgruppen nicht mehr Gelegenheit hätten, ihre Wünsche und Bedürfnisse zur Geltung zu bringen. Es wäre ein Rückschritt in der geschichtlichen Entwicklung, wenn den berufenen Volksvertretern die Möglichkeit wieder entzogen würde, die Ausgaben der öffentlichen Hand gemäss ihrem Ermessen zu dosieren und zu lenken. Wir bewegten uns damit in der Richtung auf den Exekutivstaat hin, bei dem die Regierung allein befugt ist, solche Entschlüsse zu fassen. Dieser Zustand herrscht weitgehend etwa bei der EWG. Er gibt denn auch nicht wenig Anlass zu berechtigter Kritik.

Im übrigen gilt es, nicht immer nur von den Ausgaben zu sprechen. Ebenso wichtig sind selbstverständlich die Einnahmen. Auch ihre Gestaltung ist indessen notwendigerweise ein Politikum. Ob also die Steuersätze erhöht oder gesenkt, ob die Progressionsskala steiler oder weniger steil gemacht wird, ob das Schwergewicht auf die direkten oder die indirekten Steuern gelegt wird — wir haben es mit Massnahmen zu tun, deren Ausstrahlungen sich nicht auf das Wirtschaftsleben beschränken, sondern weit darüber hinaus reichen. Ihre Entpolitisierung ist daher ein Ding der Unmöglichkeit.   Prof. Emil Küng

---

Welche Gedanken halten Sie für wesentlich?

Fassen Sie diesen Artikel in einigen wenigen Sätzen zusammen. Vergleichen Sie dann mit dem Lösungsvorschlag.

Lösungsvorschlag:
Entpolitisierung des Fiskus?
Zusammenfassung des Artikels von Prof. Emil Küng, erschienen in Wirtschaftsteil der «Weltwoche» Nr. 1737

Weil die öffentliche Hand (mit ihren Ausgabenüberschüssen, die inflatorisch wirken, und mit ihrem grossen Kapitalbedarf, der die Zinssätze hochhält) die Hauptschuld an der Teuerung trage, schlugen technokratische Kreise eine Entpolitisierung des Fiskus vor. Den Finanzbehörden soll eine ähnliche Unabhängigkeit gegenüber den Politikern eingeräumt werden wie der Nationalbank. Dieser Vorschlag lässt sich in einer Demokratie nicht verwirklichen, denn Finanzbeschlüsse — auf der Ausgaben- wie auf der Einnahmenseite — sind primär politische Entscheide, die deshalb auch von politischen Instanzen gefällt werden müssen. Wenn die Volksvertreter nicht mehr die Interessen des Volkes wahren können, haben wir einen Exekutivstaat und nicht mehr eine Demokratie.

11.5 «Das Wesen der Marke»

Das Wesen der Marke als Ausdruck der modernen Wirtschaft besteht — wie der Name bereits sagt — in der Markierung, das heisst der Kennzeichnung eines Produktes, damit es als solches und Träger einer bestimmten Gleichförmigkeit durch das gleichbleibende Markenzeichen immer wieder erkannt wird. «Individualisierung» hat man es kurz genannt und damit zum Ausdruck gebracht, dass die individuelle Einmaligkeit der Ware damit herausgehoben und diese damit abgehoben wird von allen anderen Waren gleicher oder ähnlicher Art, die im Markte auftauchen. Aus diesem Wesen der Marke ergeben sich die folgenden für den Absatz und damit für die Existenz des Betriebes wichtigen Funktionen der Marke. Sie soll einerseits unterscheiden, hervorheben, einprägen, erinnern und anderseits einen guten Eindruck machen, repräsentieren, Qualität symbolisieren und Vertrauen schaffen.
Ursprünglich Herkunfts- und Ursprungszeichen, legt sie in den Zunftzeichen Zeugnis davon ab, dass ein Produkt unter bestimmten, die Qualität verbürgenden Bedingungen hergestellt

wurde. Hinzu tritt mit der gleichen Aufgabe das Meisterzeichen, in welchem mit dem Hinweis auf einen bereits zu Ruf und Ansehen gekommenen Namen als Qualitätsgarantie auch der Stolz des Herstellers auf sein Produkt zum Ausdruck kommt, was wiederum den Stolz des Besitzers der Ware und damit deren Wert erhöht. Als ein Adelszeichen der Arbeit, als Wappen des Wirtschaftenden auf Grund der Leistung, nicht der Geburt, ist eine Markenkennzeichnung immer mit der Vorstellung einer relativ hohen Qualität verbunden. Eine Ware niederer Qualität emporzuheben wäre ein Widerspruch in sich, würde sich auch nicht lohnen.

Diese mit dem Begriff der Markenware ganz allgemein verbundene Qualitätsvorstellung und der aus der Markenwerbung resultierende «Zwang zur Qualität», der dem Konsumenten zugute kommt, verbinden sich nun mit den Eigentümlichkeiten des speziellen Artikels. Tausendfach gemachte gute Erfahrungen schlagen hier zusammen mit dem blossen eingeprägten Wissen um die Marke und um was es sich dabei handelt, und darin liegt ein Markt-Goodwill, ein immaterieller, intangibler, unwägbarer und doch so realer Vermögenswert, der oft höher eingeschätzt wird als die in der Bilanz ausgewiesenen Beträge, und der oft auch die sonstigen immateriellen Werte (etwa aus der Organisation, den Einkaufsbeziehungen usw.) bei weitem übertrifft.

Die Aufgabe der Marke und der mit ihr verbundenen Werbung ist somit nichts Geringeres als die der Umsatz-Erhaltung beziehungsweise -Steigerung. Mit ihrer Hilfe soll das durch Investition von vielen Tausenden, ja Millionen geschaffene betriebliche Monopol bewahrt, der Marktgoodwill geschaffen, gehalten und erhöht werden, so dass er auch auf die kommenden Käufergenerationen übergeht.

Schon hier zeigt sich eine besondere Schwierigkeit, auf die wir bei der Markenprüfung zu achten haben: Die Marke soll und muss gleich bleiben und doch auch in späteren, anderen Zeiten eindrucksvoll sein. Das Markenzeichen darf nicht aus der Mode kommen.»

(Aus der Schrift: Wie man ein Markenzeichen prüft von Dr. Arthur Lisowsky, Verlag Organisator AG, Zürich.)

Ziehen Sie aus diesem Buchabschnitt die Hauptgedanken in drei bis vier Sätze zusammen.

Lösungsvorschlag:

Das Wesen der Marke

Die Marke individualisiert eine Ware, hebt sie hervor und schafft ihr Vertrauen. Die mit dem Begriff der Markenware verbundene Qualitätsvorstellung verkörpert als Markt-«Goodwill» einen hohen Vermögenswert und verhilft den Markenartikeln zu einem langfristig gesicherten Absatz. Das Markenzeichen muss deshalb einprägsam und über Jahrzehnte hinaus ansprechbar sein.

11.6 Strip-tease der Bilanzen

Aus «Die Weltwoche» Nr. 1328
Frisierte Gewinne — Schweizerische Aktiengesellschaften gleichen Eisbergen — Wie steht es mit der Bilanzwahrheit?
von Prof. Dr. Emil Küng

Wie kommt es, dass eine Grossbank im Laufe des Geschäftsjahres einen Verlust erleiden kann, der viele Millionen beträgt, ohne dass dies beim Abschluss auch nur die geringsten Spuren hinterlässt? Sollten nach menschlichem Ermessen nicht wenigstens die Gewinnhöhe und die Dividende von einem derartigen Rückschlag etwas Kenntnis nehmen? Oder: Ist es menschenmöglich, dass eine Grossfirma der chemischen Industrie auf Franken und Rappen genau einen erzielten Gewinn ausweist, der nur etwa einen Zehntel dessen ausmacht, was in Wirklichkeit herausgewirtschaftet wurde?

Ja, das alles ist in der Schweiz möglich, und es wiederholt sich in dieser Saison der Bilanzen und Generalversammlungen immer wieder in grösserem oder kleinerem Massstab. Aber die weitere Frage, die sich daran anschliesst: Ist das nicht eine Irreführung der Öffentlichkeit und insbesondere der Aktionäre, also der eigentlichen Eigentümer der betreffenden Firmen? Heisst es nicht in Artikel 959 des Schweizerischen Obligationenrechtes über die Aktiengesellschaften: Die Bilanz ist so klar und übersichtlich aufzustellen, dass die Aktionäre einen möglichst sicheren Einblick in die wirkliche Vermögenslage der Gesellschft erhalten? Gewiss, das ist der eindeutige Gesetzestext. Die Wirklichkeit aber ist himmelweit davon entfernt. Da kann offenbar etwas nicht stimmen.

Die Erklärung liegt zunächst darin, dass die Verwaltung ermächtigt ist, aus dem tatsächlich erzielten Gewinn stille Reserven in beliebigem Umfange zu speisen und nur jenen Rest der Generalversammlung zur Verfügung zu stellen, den sie für gut hält. Stille Reserven sind aber Rücklagen, die keinen Laut von sich geben dürfen und daher auch dem Ohr der Aktionäre verborgen bleiben. Sie lassen sich ohne weiteres zur Deckung eingetretener Verluste verwenden, ohne dass ein Hahn danach kräht. Mit Hilfe der zurückbehaltenen Gewinnteile können Investitionen grössten Ausmasses finanziert werden, ohne dass ihre Eigentümer davon eine Ahnung haben — wenn sie nicht gerade aus der Entwicklung der Steuerwerte oder der Versicherungswerte in Verbindung mit den Umsatz- oder Beschäftigtenziffern auf verschlungenem Wege und mit Hilfe komplizierter Schätzungen sich eine ungefähre Vorstellung davon zu verschaffen versuchen. Die Gewinne der schweizerischen Publikumsaktiengesellschaften gleichen daher Eisbergen. Der sichtbare, ausgewiesene Teil ist im allgemeinen unvergleichlich kleiner als der unsichtbare. Und es ist nicht übertrieben, wenn man darin eine Irreführung aller derer erblickt, die nicht dem innersten Kreis der Verwaltungsgruppe angehören. Dergleichen ist es eine offenkundige Verletzung der Grundsätze der Bilanzwahrheit und Bilanzklarheit. Wie hat man sich jedoch die Tatsache zurechtzulegen, dass die Aktionäre dagegen anscheinend nur in Ausnahmefällen protestieren?

Wenn wir dieses eigenartige Verhalten verstehen wollen, haben wir zwei Fragen streng voneinander zu trennen, nämlich erstens die Selbstfinanzierung und zweitens die Transparenz von Erfolgsrechnung und Bilanz. In bezug auf die Selbstfinanzierung ist hervorzuheben, dass die meisten Aktionäre im allgemeinen heute vollkommen damit einverstanden sind, wenn der herausgewirtschaftete Gewinn nicht etwa zu hundert Prozent in Form der Dividende ausgeschüttet, sondern zum kleineren oder grösseren Teil für den Ausbau der Firma verwendet wird. Denn in den gegenwärtigen Hochkonjunkturzeiten lohnt sich diese Art der Kapitalanlage in der Regel. Sie ist auch steuertechnisch häufig interessanter als die Entgegennahme von Einkommen. Der Gegenwert geht ja nicht verloren, sondern trägt dazu bei, früher oder später auch den Kurswert der Beteiligungspapiere zu erhöhen. So haben denn nur jene etwas gegen die herrschende Praxis einzuwenden, die — zum Beispiel als Rentner — auf den laufenden Eingang von Erträgen angewiesen sind.

Ganz anders liegen die Dinge jedoch hinsichtlich der Publizität. Indem Direktion und Verwaltungsrat den vollen Gewinn gar nicht bekanntzugeben brauchen und über den grössten Teil davon vorweg völlig nach eigenem Belieben verfügen können, hat sich ein «Bereich der Unverantwortlichkeit» herausgebildet, der auch von einem prominenten Manager selbst als ordnungswidrig empfunden und bezeichnet wird. Der heutige Zustand bei den schweizerischen Publikumsaktiengesellschaften entspricht seinem Wesen nach einem System des Feudalismus, etwa einer Monarchie, bei der der Alleinherrscher den Inhalt des Staatssäckels nach freiem Ermessen verwenden kann, ohne jemandem darüber Rechenschaft schuldig zu sein. Nun weiss jeder, der in der Geschichte einigermassen bewandert ist, dass es gerade wegen dieses Vorrechtes zu erbitterten Auseinandersetzungen kam, bis schliesslich in der konstitutionellen Monarchie die Vertreter des Volkes die Kompetenz errungen hatten, die Einnahmen und Ausgaben des Staates selbst zu bestimmen, während die Königsfamilie nur noch eine bestimmte Zuweisung erhielt.

In der — seit Jahrhunderten urdemokratischen — Schweiz sind demgegenüber eigenartigerweise die Zuständigkeitsverhältnisse in den Aktiengesellschaften faktisch noch stets nach dem Modell der absoluten Monarchie aufgebaut. Da ist nämlich die Verwaltung imstande, mit dem fremden Geld (nicht der Steuerzahler, wohl aber der Aktionäre) nach eigenem Gutdünken zu wirtschaften, ohne darüber Rechenschaft ablegen zu müssen. Das mag gewiss bei einer pflichtbewussten und tüchtigen Verwaltung und in Zeiten guter Geschäfte tadellos funktionieren — wie es ja auch höchst aufgeklärte Könige gab, die sich nur als erste Diener des Staates betrachteten. Unter anderen Voraussetzungen ist es jedoch ebenso gut denkbar, dass sich der grösste Missbrauch einschleicht — und zwar ohne dass jemand wirksam dagegen einzuschreiten vermag. Um dies einzusehen, brauchen wir uns nur vorzustellen, es seien in der Vergangenheit umfangreiche stille Reserven angesammelt worden und es komme nun eine unfähige Geschäftsleitung ans Ruder. Dann können während vieler Jahre Verluste gemacht werden, ohne dass dies nach aussen in Erscheinung tritt: Die zur Deckung herangezogenen Reserven bleiben stumm.

Eine solche Regelung ist entschieden unbefriedigend. Sie widerspricht allen Grundsätzen der Demokratie mit ihrer Gewaltentrennung und ihren Gegengewichten. Sie widerspricht dem selbstverständlichen Gebot, wonach man Rechenschaft ablegen muss, sobald man mit fremdem Eigentum hantiert. Sie lässt sich nicht in Einklang bringen mit dem Prinzip der Offenheit, von dem die moderne Geschäftspraxis insbesondere bei Gesellschaften mit breiten Aktienstreuungen durchdrungen ist. Dabei ist es doch gerade diese breite Streuung des Eigentums, das unter dem Titel des Jedermannskapitalismus oder Volkskapitalismus auch in der Schweiz angestrebt wird.

Ihrer Verwirklichung steht indessen bis heute die mangelnde Durchsichtigkeit der Ertrags- und Vermögenslage in den allermeisten Gesellschaften entscheidend im Wege. Wenn daher Anlageberater vor der Frage stehen, ob sie einem Kleinkapitalisten den Erwerb schweizerischer Aktien empfehlen sollen, so müssten sie eigentlich erklären, dass sie das mit gutem Gewissen in der Regel nicht tun können, weil sie über die wirklichen Verhältnisse zu wenig orientiert sind — oder dann nur auf Grund von «inside informations», deren Zuverlässigkeit oft fraglich ist. Vergleichen wir damit die Transparenz bei englischen oder amerikanischen Gesellschaften, so fällt sogleich auf, dass hier die Karten offen auf den Tisch gelegt werden und dass der Pflicht der Bilanzwahrheit tatsächlich nachgelebt wird. Gewiss floriert die Selbstfinanzierung genau gleich — aber mit dem wesentlichen Unterschied, dass zunächst der volle Reingewinn ausgewiesen wird und dass erst nachher im Zuge eines gut sichtbaren Strip-tease die Abzweigung für Investitionen und Reserven erfolgt. Stumme, niemandem gegenüber verantwortliche Reserven dagegen gibt es nicht. Und das ist die Neuerung, die auch im schweizerischen Aktienrecht dringend fällig wäre — zumindest bei jenen Gesellschaften, deren Aktien an den Börsen kotiert sind.

Versuchen Sie, diesen Text auf 25 bis 30 Schreibmaschinenzeilen zusammenzufassen.

Lösungsvorschlag:

Strip-tease der Bilanzen
Zusammenfassung eines Artikels von Prof. Dr. Emil Küng, erschienen in der «Weltwoche» Nr. 1328

Weil der Verwaltungsrat der schweizerischen Aktiengesellschaften ermächtigt ist, stille Reserven in beliebigem Umfange zu speisen, hat sich für die Verwaltung ein Bereich der Unverantwortlichkeit herausgebildet, der sich zum Nachteil der Aktionäre auswirken kann und den Grundsätzen der Bilanzwahrheit und -klarheit widerspricht. Die Aktionäre protestieren dagegen nur in Ausnahmefällen, zum Beispiel wenn sie als Rentner auf die Erträge angewiesen sind. Die allermeisten aber sind aus steuertechnischen oder aus Gründen der Kurspflege damit einverstanden, einen Teil des Gewinns im Betrieb stehen zu lassen.
Trotzdem ist die gegenwärtige Praxis unbefriedigend. Sie ermöglicht einer unfähigen Verwaltung, mit Hilfe der stillen Reserven jahrelang Verluste in Gewinne umzuwandeln und damit ihr Unvermögen vor den Aktionären zu verbergen. Sie widerspricht aber auch dem selbstverständlichen Gebot, dass man Rechenschaft ablegen muss, wenn man fremdes Eigentum verwaltet. Eine Transparenz der Bilanzen, wie wir sie in England und den USA vorfinden, müsste nach Ansicht von Prof. Küng zumindest von den Schweizer Aktiengesellschaften mit kotierten Aktien verlangt werden. Ohne sie ist eine seriöse Anlageberatung praktisch unmöglich.

Wenn sich mehrere Personen die Aufgabe stellen, ein- und denselben Artikel zusammenzufassen, ergeben sich selbstverständlich ebenso viele Lösungen, und trotzdem kann jede einzelne Zusammenfassung richtig und sinngemäss den Inhalt des ursprünglichen Artikels wiedergeben. Das möchte ich Ihnen mit dem folgenden Beispiel zeigen.

11.7 «Den Mittelstand entlasten»

Von Jürgen Jeske in der «Frankfurter Allgemeinen Zeitung»

Vor neunzig Jahren sagte der Nationalökonom Gustav Schmoller auf dem 8. Evangelisch-Sozialen Kongress in Leipzig, dass sich im Mittelstand Kräfte und Tendenzen vereinigten, die verhinderten, «dass eine grosse Nation in wenige Überreiche und zahllose Proletarier zerfällt». Marx und dann Schumpeter prophezeiten dem Mittelstand den Untergang – der nie eintrat. Der Liberale Wilhelm Röpke äusserte sich in seiner zivilisationskritischen Schrift «Mass und Mitte» besorgt über das Vordringen der Grossbetriebe, die «moderne Tyrannis» der Konzentration. Die einzige Hoffnung sei, dass es in einer solchen Welt nach wie vor die Kleinen und Selbständigen gebe, schreibt Röpke.

In der Bundesrepublik hat eine Wirtschaft mit einem breiten Mittelfeld verhindert, dass Deutschland wie andere Länder ein Feld für Klassenkämpfe wurde. Das «typische» deutsche Industrieunternehmen ist nicht der anonyme Grosskonzern, sondern der selbständige Maschinenbauer mit rund 200 Beschäftigten und 20 bis 30 Millionen DM Umsatz. Den rund 3300 Grossunternehmen mit mehr als 100 Millionen DM Jahrsumsatz stehen in der Bundesrepublik nicht weniger als 1,8 Millionen Klein- und Mittelbetriebe gegenüber, die immer noch knapp die Hälfte der Umsätze tätigen, obwohl sich ihr Marktanteil in den letzten Jahren deutlich zugunsten der Grossen verschlechtert hat. In den Klein- und Mittelbetrieben sind zwei Drittel aller abhängig Beschäftigten tätig. Vier Fünftel des Facharbeiter-Nachwuchses werden hier ausgebildet.

Von den meisten Politikern wird daher die Bedeutung des Mittelstandes in einer Marktwirtschaft anerkannt. Zahllose Förderungsmassnahmen sind der Beweis dafür. Doch Hilfsprogramme sind noch keine überzeugende wirtschaftspolitische Konzeption. Die Frage ist: Rechtfertigt die Unentbehrlichkeit kleiner und mittlerer Betriebe eine eigenständige Mittelstandspolitik, verträgt sich diese mit liberalen Ordnungsgedanken?

Viele Vorstellungen von Mittelstandspolitik gehen dahin, dass der Staat eine vermeintlich schwache und benachteiligte Gruppe kleinerer Unternehmen durch Finanzhilfen stärken und durch Schutzmassnahmen von einem zu heftigen Wettbewerbsdruck befreien sollte. Dass geplagten mittelständischen Einzelkämpfern solche Gedanken kommen, ist verständlich. Doch als Politik führen sie in die Irre. Solch staatliches Handeln wäre letztendlich Sozialpolitik für Unternehmer (ein Widerspruch in sich übrigens). Das können Mittelständler nicht wollen. Eine Politik, die allein aus der Betriebsgrösse einen Anspruch auf Nachteilausgleich ableitet, wäre vom Denkansatz her verfehlt; denn jede Unternehmensgrösse hat spezifische Vor- und Nachteile. Dennoch ist unübersehbar, dass es für Klein- und Mittelbetriebe bestimmte wiederkehrende Probleme gibt. Wer mit Mittelständlern spricht, wird zum Beispiel die Klage hören, dass die hohe Besteuerung von Unternehmensgewinnen mit rund 70 Prozent sowie steuerliche Doppelbelastungen eine ausreichende Eigenkapitalbildung behindern. Auch die enormen Lohnnebenkosten und starre arbeitsrechtliche Vorschriften wirken sich in einem Kleinbetrieb mit nur wenigen Leuten stärker aus als im Grossunternehmen. Klein- und Mittelbetriebe stöhnen über die erdrückende staatliche Bürokratie und die nicht mehr überschaubare Flut von Gesetzen und Vorschriften. Unbezahlte bürokratische Hilfsdienste verursachen zum Teil Kosten bis zu 3,5 Prozent vom Umsatz, das entspricht fast dem durchschnittlichen Gewinn vor Steuern. Nicht der Tüchtigste, sondern der Trickreichste überlebt im Gesetzesdschungel am besten. Mittelständler nehmen zu Recht Anstoss an staatlichen Interventionen für kranke Grossunternehmen oder an Subventionen, die den Grossen leichter zugänglich sind als kleineren Unternehmen. Als Bedrohung wird schliesslich die Konzentration und zunehmende Marktmacht von Grossbetrieben angesehen.

Für dieses Bündel von Problemen bedarf es jedoch keiner spezifischen und punktuellen Ausgleichspolitik, einer Politik tröstender Extrawürste gewissermassen. Es genügte, den Ordnungsrahmen der Marktwirtschaft so zu zimmern, dass die Klein- und Mittelbetriebe darin ihre spezifischen Vorteile entfalten könnten. Der beste Ansatz wäre eine grundlegende Steuerreform mit einer spürbaren Senkung der Spitzensteuersätze, einem Abbau der Gewerbesteuer und einer Beseitigung der Doppelbelastung mit Vermögensteuer. Auch müsste Anlagegesellschaften die Bereitstellung von Wagniskapital durch Beseitigung der Doppelbesteuerung der hier anfallenden Erträge erleichtert werden. Zugleich müsste das Steuerrecht vereinfacht werden. Eine solche Politik würde den grössten Teil aller Mittelstandsförderung überflüssig machen.

Günstigere steuerliche Regelungen zum Ausgleich stark schwankender Unternehmenserträge (die bei Kleinbetrieben anders als bei grossen intern nicht ausgeglichen werden können) sowie eine Gleichstellung der steuerlichen Behandlung von Vorsorgeaufwendungen mit den für Arbeitnehmer geltenden Regeln wären ordnungspolitisch ebenfalls tolerierbar.

Zu einer mittelstandsfreundlichen Wirtschaftspolitik gehörte auch eine Überprüfung und gegebenenfalls ein Abbau von Lohnnebenkosten. Die Subventionierung von Grossunternehmen müsste aufhören. Der Staat müsste sich aus mittelständischen Tätigkeitsfeldern zurückziehen, die Gesetzesfülle wäre zu vereinfachen, künftige Gesetze wären zuvor in ihrer Auswirkung auf Klein- und Mittelbetriebe zu prüfen. Die Förderung der Existenzgründung, eine gesellschaftspolitisch vertretbare Subvention, um den Willen zur Selbständigkeit zu pflegen, müsste bei niedrigeren Steuern ebenfalls gestrafft werden.

Mehr Entlastung und mehr unternehmerische Freiheit für den Mittelstand haben ihren Preis: Die Klein- und Mittelbetriebe müssten auf der anderen Seite auch bereit sein, sich dem freien Wind des Wettbewerbs auszusetzen, wie alle anderen auf Sonderwünsche zu verzichten und Liberalisierungen auch dort zu ertragen, wo sie vielleicht unangenehm sind (Ladenschluss).

So könnte in groben Zügen eine Wirtschaftspolitik von morgen für Klein- und Mittelbetriebe aussehen. Sie wäre – mit einer grossen Steuerreform als Kernstück – keine spezielle Mittelstandspolitik mehr, sondern würde Ludwig Erhards Diktum entsprechen, dass eine gute liberale Wirtschaftspolitik die beste Mittelstandsförderung ist.

Lösungsvorschlag:

Kurzfassung eines Artikels von Jürgen Jeske, erschienen in der «Frankfurter Allgemeinen Zeitung».

Ein breiter Mittelstand verhinderte, dass Deutschland wie andere Länder ein Feld für Klassenkämpfe wurde. Den 3300 Grossbetrieben mit mehr als 100 Mio. DM Umsatz stehen 1,8 Mio. Klein- und Mittelbetriebe mit zwei Dritteln aller Beschäftigten gegenüber, die knapp 50% aller Umsätze erzielen.

Der Mittelstand ist unbedingt erhaltenswert. Eine mittelstandsfreundliche liberale Wirtschaftspolitik tut deshalb not, aber nicht indem kleine und schwache Unternehmen durch Finanzhilfe gestärkt und durch Schutzmassnahmen vom Wettbewerbsdruck befreit werden. Es braucht einen Ordnungsrahmen, in dem Klein- und Mittelbetriebe ihre Vorteile entfalten können.

Am besten wäre eine grundlegende Steuerreform bei einem vereinfachten Steuerrecht, verbunden mit einer Senkung des Spitzensteuersatzes der Einkommen-/Körperschaftsteuer, dem Abbau der Gewerbesteuer und der Beseitigung der Doppelbesteuerung durch Vermögensteuer, die eine ausreichende Eigenkapitalbildung behindern.

Ferner müssten die Lohnnebenkosten überprüft und nötigenfalls abgebaut werden. Die Subventionierung der Grossunternehmen müsste aufhören, und öffentliche Dienstleistungsbetriebe müssten gegebenenfalls reprivatisiert werden. Die Gesetzgebung ist zu vereinfachen und auf ihre Auswirkungen auf den Mittelstand zu prüfen. Schliesslich sollten Unternehmungsgründungen nicht behindert, sondern gefördert werden.

Nun haben Sie schon eine gewisse Übung im Zusammenfassen von geschriebenen Texten. Sicher wäre es empfehlenswert, selbständig mit ähnlichen Aufgaben fortzufahren, bis Sie sich ganz sicher fühlen. Anschliessend können Sie mit dem Zusammenfassen von Vorträgen beginnen. Sobald Sie sich auch darin als Meister fühlen, bieten Ihnen Gespräche am Runden Tisch, wie Radio und Fernsehen sie wöchentlich ausstrahlen, die Möglichkeit zu praxisnahen Übungen. So werden Sie allmählich die Sicherheit und Gewandtheit erlangen, zu der Ihnen dieses Taschenbuch natürlich nicht verhelfen kann.

11.8 Wie beurteilen Sie das folgende Protokoll aus der Praxis?

Protokoll über die Vertriebsbesprechung am 14. 5. 19. .

Anwesend:	Herr Kolb (Sitzungsleiter)
	Frl. Hahn
	Herr Abel
	Frau Faber
	Herr Grau
	Herr Horch
	Herr Müller
	Herr Schön
	Herr Meier (Protokoll)
Besprechungspunkt:	Messe-Auswertung

Kolb	bedankte sich bei den Anwesenden für die gute Vorbereitung und Durchführung der Messe. Es wurden damit die Voraussetzungen für das erzielte positive Ergebnis geschaffen.
	In diesem Jahr zeigte sich deutlich, dass die Konjunktur abgeschwächt ist und der Konkurrenzkampf härter wird. Damit hatten wir mit grösseren Schwierigkeiten vom Käuferkreis und von der Marktlage her zu rechnen. Hinzu kam, dass durch den Streik die Käufer vor allem zu Beginn der Messe, sehr zurückhaltend waren.
	Es muss auch festgestellt werden, dass unsere Verkäufer zum grössten Teil nicht ausreichend in der Lage sind, grössere Objekte zu verkaufen. Die Schulung muss in dieser Richtung stark intensiviert werden; ausserdem muss sich die Zentrale Gedanken machen, wie das Geschäft durch geeignete Massnahmen unterstützt werden kann.
Frl. Hahn	fand, dass unser Stand der Konkurrenz gegenüber den Vorteil hatte, dass er noch überschaubar war. Viele Unternehmen stellen auf zu kleinem Raum zu viel aus, so dass sich der Interessent kein klares Bild machen kann.
Schön	Wir haben uns bemüht, den Stand sehr hell zu gestalten. Allgemein konnte festgestellt werden, dass von Jahr zu Jahr ein immer grösserer Aufwand getrieben

	wird. Die Kosten für unseren Stand sind, so haben einige Besprechungen mit der Konkurrenz ergeben, vergleichsweise noch niedrig.
Abel	machte ebenfalls die Erfahrung, dass sich die Firmen auf der Messe zum Teil «überschlagen», vor allem in technischer Hinsicht. Es werden zu viele Sachen gezeigt, die von der technischen Seite her zwar gelöst sind, in der Praxis aber noch nicht verwirklicht werden können.
Faber	erwähnte das Urteil von zwei Bekannten. Diese waren der Ansicht, dass auf unserem Stand im Gegensatz zu vielen anderen Firmen Bewegung herrschte und dadurch der Eindruck eines «Arbeitsstandes» und keines reinen Ausstellungsstandes entstanden war.
Grau	war ebenfalls der Ansicht, dass wir uns von der Konkurrenz durch eine grössere Aktivität unterschieden haben. Ausserdem konnte dieses Jahr festgestellt werden, wohin sich die Firmen im Hinblick auf die weitere Programmgestaltung bewegen. Wir liegen gut im Rennen, dürfen uns aber nicht mit dem erreichten Ergebnis zufriedengeben, sondern müssen Mittel und Wege suchen, um unseren Anteil am Markt zu steigern.
Horch	Im nächsten Jahr muss die Wahl der Mitarbeiter für den Stand besser sein. Es sollten nicht so viele Juniorverkäufer auf dem Stand sein, sondern wir benötigen in erster Linie erfahrene, abschlusssichere Verkäufer, die in der Lage sind, Direktaufträge zu erreichen und qualifizierte Interessenten zu erfassen.

Hamburg, den 25. 5. 19 . .

Vertriebsleitung	Protokollführung
Kolb	Meier

Kritik:

1. Das Protokoll weist viele *stilistische und sprachliche* Mängel auf.
2. Ein zusammenfassendes Protokoll mit *Namensnennnug* ist hier *nicht gerechtfertigt.* Es wäre zweckmässiger gewesen, wenn der Diskussion die guten und die nachteiligen Ergebnisse entnommen und einander gegenübergestellt worden wären.

Lösungsvorschlag:

Protokoll über die Vertriebsbesprechung am 14. 5. 19. .

Anwesend:	Herr Kolb (Sitzungsleiter)
	Frl. Hahn
	Herr Abel
	Herr Faber
	Herr Grau
	Herr Horch
	Herr Müller
	Herr Schön
	Herr Meier (Protokoll)
Besprechungspunkt:	Messe-Auswertung

Der Erfahrungsaustausch ergab ein zwiespältiges Bild. Erfreulichen Ergebnissen stehen ungünstige entgegen.

Günstige Ergebnisse: Mit der guten Vorbereitung und Durchführung der Messe sind die Voraussetzungen zu einem guten Ergebnis geschaffen worden. Der Stand war sehr hell und überschaubar, während die meisten anderen Unternehmen auf zu kleinem Raum zuviel ausstellten, so dass sich die Besucher nicht zurechtfanden.
Die Ausstellungskosten waren dieses Jahr erneut höher. Besprechungen mit der Konkurrenz zeigten jedoch, dass unser Aufwand im Vergleich verhältnismässig gering war.
Besucher erwähnten lobend den Betrieb, der an unserem Stand herrschte, wodurch er sich als «Arbeitsstand» von den reinen «Ausstellungsständen» vorteilhaft abhob.
Auch unser Produktionsprogramm schneidet im Vergleich mit der Konkurrenz vorteilhaft ab; mit dem Erreichten dürfen wir uns jedoch nicht zufrieden geben. Wir müssen nach Mitteln und Wegen suchen, den Marktanteil weiter zu steigern.

Nachteilige Ergebnisse: Da sich dieses Jahr die Konjunktur abgeschwächt hat und der Konkurrenzkampf härter geworden ist, mussten wir von vornherein mit grösseren Schwierigkeiten rechnen. Der erzielte Umsatz ist denn auch — eine allgemeine Erscheinung — kleiner als letztes Jahr. Nachteilig wirkte sich zudem, vor allem zu Beginn der Messe, der Streik auf das Käuferinteresse aus. Ferner zeigte sich, dass der Grossteil unserer

103

Verkäufer zu wenig geschult ist, um auch grössere Objekte verkaufen zu können. Ihre Ausbildung muss unbedingt verbessert werden. Nächstes Jahr müssen die Mitarbeiter sorgfältig ausgewählt werden. Die Juniorverkäufer sollten nach Möglichkeit durch erfahrene Angestellte ersetzt werden, die Direktaufträge einbringen und ernsthafte Interessenten von den übrigen Messebesuchern zu unterscheiden vermögen. Die Zentrale schliesslich muss sich überlegen, wie sie uns durch geeignete Werbemassnahmen nachhaltiger unterstützen kann.

Köln, den 25. 5. 19 . .

Vertriebsleitung   Protokollführung
Kolb   Meier

11.9 Wie kann das nächste Kurzprotokoll aus der Praxis weiter gekürzt werden?

Protokoll zur Besprechung vom 12. 9. 19. . über Fragen des Vertriebs und der allgemeinen Geschäftsführung

Anwesend:	Herr Weber (Geschäftsführer)
	Herr Bart
	Herr Endress
	Herr Kirn
	Herr Lommel
	Frau Picht
	Herr Senf
	Herr Wirt
	Herr Assfalg (Protokollführer)
Besprechungspunkt:	1. Verkaufsfördernde Massnahmen für Programmgruppe Küchengeräte
	2. Prüfung einer Einführung der EDV
	3. Innerbetrieblicher Informationsfluss
	3.1 Umlauf Eingangspost
	3.2 Umlauf Ausgangspost
	3.3 Sonstiger Informationsaustausch

Besprechungspunkt 1
Wichtige Impulse für eine Verkaufssteigerung würde nach Ansicht der anwesenden Herren ein Verkäuferwettbewerb bringen.

Zur Durchführung des Wettbewerbs wurde vorgeschlagen, wieder Punktzahlen vorzugeben, wobei für Aufträge der Untergruppe 10 (Kühlschränke) eine höhere Punktzahl festzulegen wäre. Dieser Vorschlag wurde gutgeheissen und die Verkaufsabteilung mit der Unterbreitung eines entsprechenden Vorschlags beauftragt. Über den Zeitpunkt gab es verschiedene Meinungen. Als Termin wurde die Zeit von etwa 15. 11. bis 15. 12. vorgeschlagen. Diese Frage soll nach Vorlage des Vorschlages endgültig entschieden werden.

Nach Ansicht von Herrn Kirn ist es notwendig, in den Wettbewerb einen Anreiz für die Vertragshändler einzubeziehen. Einige Anregungen dazu wurden gegeben. Die Verkaufsabteilung soll diesen Wunsch bei der Ausarbeitung des Wettbewerbs berücksichtigen.

Besprechungspunkt 2

Um zu prüfen, ob der Einsatz einer Datenverarbeitungsanlage zur Beschleunigung und Vereinfachung der innerbetrieblichen Arbeitsabläufe sinnvoll ist, wird eine Arbeitsgruppe gebildet. Dieser gehören ständig an:

von Abteilung 10: Herr Bart (Leiter)
               14: Herr Wirt
               21: Herr Lommel
               22: Herr Ebert
               81: Herr Krieg (Protokollführer)

Die Sitzungen sind zu protokollieren. Von den Protokollen sind je ein Exemplar an die technische und kaufmännische Leitung sowie an das Sekretariat der allgemeinen Geschäftsleitung zu richten. Die erste Besprechung sollte möglichst bald anberaumt werden.

Besprechungspunkt 3

Die Programmpunkte 3.1, 3.2 und 3.3 wurden als gemeinsamer Komplex besprochen. Herr Weber wies darauf hin, dass es von grosser Bedeutung sei, rasche Informationswege zu finden. Als Mangel wurde herausgestellt, dass die Post-Umlaufmappen zu langsam durchlaufen. Als mögliche Gründe wurden genannt:

a) Die Vertretungsfrage in den einzelnen Abteilungen ist nicht geklärt.
b) Falsche Einschätzung der Dringlichkeit durch die damit befassten Hilfspersonen.

c) Technische Transportschwierigkeiten wegen der räumlichen Teilung zwischen Verwaltung und Betrieb.

Als Gegenmittel wurden folgende Vorschläge gemacht:

a) Einführung von Dringlichkeitsvermerken.
b) Festlegen der Umlaufwege für die einzelnen Gruppen.
c) In jeder Abteilung sollte jemand für den Durchlauf der Post verantwortlich sein, der den Zuständigen zur raschen Erledigung «zwingt».
d) Möglichst weitgehende Beschränkung der umlaufenden Postmenge.
e) Die Anfertigung von Kopien für die zu informierenden Abteilungen.

Grundsätzlich ist durch den Postumlauf und durch ergänzende Massnahmen folgendes zu erreichen:

a) Der Informationsfluss über wichtige Angelegenheiten von unten nach oben muss gewährleistet sein.
b) Für das Treffen von Entscheidungen der Geschäftsleitung müssen die Meinungen der Ressortleiter vorliegen.
c) Der Informationsfluss von oben nach unten muss durch die Direktionsassistenz gesteuert werden.

Allgemein ist festzustellen, dass das Informationsbedürfnis der einzelnen Stellen verschieden ist. Dies sollte bei der Festlegung der Umlaufwege berücksichtigt werden und die Informationen nur den Abteilungen zugeleitet werden, die tatsächlich von dem Problem berührt werden.

Herr Direktionsassistent Assfalg wurde beauftragt, bis zur nächsten Sitzung am 10. Januar unter Berücksichtigung der Diskussionsergebnisse einen Vorschlag für eine straffe Regelung des innerbetrieblichen Informationswesens auszuarbeiten.

Köln, 20. 9. 19. .

Der Geschäftsführer   Der Protokollführer

Weber   Assfalg

Lösungsvorschlag:

Protokoll zur Besprechung von 12. 9. 19 . . über Fragen des Vertriebs und der allgemeinen Geschäftsführung

---

Anwesend: Herr Weber (Geschäftsführer)
Herr Bart
Herr Endress
Herr Kirn
Herr Lommel
Frau Picht
Herr Senf
Herr Wirt
Herr Assfalg (Protokollführer)

Besprechungspunkt: 1. Verkaufsfördernde Massnahmen für Programmgruppe Küchengeräte
2. Prüfung einer Einführung der EDV
3. Innerbetrieblicher Informationsfluss
   3.1 Umlauf Eingangspost
   3.2 Umlauf Ausgangspost
   3.3 Sonstiger Informationsaustausch

---

1. Ein Verkäuferwettbewerb soll den Umsatz steigern helfen. Für jeden Verkauf aus den einzelnen Untergruppen werden dem Verkäufer Punkte gutgeschrieben; die Untergruppe 10 (Kühlschränke) erhält einen dem Verkaufswert entsprechenden höheren Punktansatz.
An der nächsten Sitzung wird uns die Verkaufsabteilung einen Wettbewerbsentwurf unterbreiten, der auch den Vertragshändlern Anreiz zur Beteiligung bietet. Beginn und Dauer des Wettbewerbs werden wir an der nächsten Sitzung festlegen.

2. Eine Arbeitsgruppe wird prüfen, ob mit einer Datenverarbeitungsanlage die innerbetrieblichen Arbeitsabläufe wirksam beschleunigt und vereinfacht werden können. Dieser gehören an:
von Abteilung 10: Herr Bart (Leiter)
14: Herr Wirt
21: Herr Lommel
22: Herr Ebert
81: Herr Krieg (Protokollführer)
Von jeder Sitzung erhalten die technische und kaufmännische Leitung sowie das Sekretariat der Geschäftsleitung ein Protokoll.

Die erste Besprechung muss spätestens nächste Woche statt-
finden.

3. Die Umlaufzeit der Postmappen dauert zu lange, weil
— in einzelnen Abteilungen die Vertretungsfrage ungenügend
  geklärt ist
— Hilfspersonen die Dringlichkeit falsch einschätzen
— der Posttransport zwischen Verwaltungs- und Betriebsge-
  bäude sich wegen mangelnder Organisation verzögert.
Die Postumlaufzeit muss verkürzt werden durch
— Beschränkung der umlaufenden Post auf das allernot-
  wendigste
— Einführung von Dringlichkeitsvermerken
— verbindliche Festlegung des Umlaufweges
— Bezeichnung einer Person jeder Abteilung, die für den raschen Postdurchlauf verantwortlich ist
— Anfertigung von Kopien für jede betroffene Abteilung
Wenn eine Information nur einzelne Abteilungen interessiert,
darf sie nur diese durchlaufen. Herr Assfalg wird uns an der
nächsten Sitzung einen Vorschlag für ein verbessertes inner-
betriebliches Informationswesen unterbreiten, der alle vorge-
brachten Anregungen berücksichtigt.

Köln, 20. 9. 19 . .

Der Geschäftsführer   Der Protokollführer
Weber   Assfalg

11.10 Wie soll das Protokoll der nachfolgenden Besprechung aufgestellt werden?

In diesem Beispiel soll ein Protokoll auf Grund eines vereinfacht wiedergegebenen tatsächlichen Sitzungsverlaufes geschrieben werden. Wir gehen von einem Grosshandelsunterneh-
men des Putz- und Waschmittelsektors, der Urania GmbH, mit
Sitz in Frankfurt am Main aus, dessen Geschäftsführer die Abteilungsleiter regelmässig zu Besprechungen über wichtige Fragen
des Vertriebs und der allgemeinen Geschäftsführung zusammen-
ruft.
An der zur Rede stehenden Sitzung, die am 25. November 19 . .
am Sitz des Unternehmens abgehalten worden ist, nahmen ne-

ben dem Geschäftsführer, Herrn Schneider, die Herren Abteilungsleiter Kuhn, Wirth, Fritz, Müller, Bircher, Kuchler und Hahn sowie Direktionsassistent Hirner als Protokollführer teil. Zur Diskussion standen

1. Massnahmen zur Umsatzsteigerung
2. Reorganisation des Post- und Zeitschriftenumlaufs.

Direktor Schneider: Meine Herren, Sie wissen, dass der Umsatz des Unternehmens sich im laufenden Geschäftsjahr um 5 Prozent erhöht hat, Sie wissen aber auch, dass diese Zuwachsrate nicht ausreicht, um die beträchtlich gestiegenen Kosten auszugleichen. Ich habe deshalb die Frage der Umsatzerhöhung auf die Tagesordnung der heutigen Sitzung gebracht, zu der ich Sie vor drei Wochen eingeladen habe. Auf Grund Ihrer Vorschläge und meiner Überlegungen haben sich drei Massnahmen herauskristallisiert, über die wir anschliessend diskutieren wollen: Verstärkte Werbung, Gewinnung neuer Vertreter und Sortimentserweiterung. Vielleicht begründen Sie, Herr Bircher, als Hauptverfechter einer vermehrten Werbung, ganz kurz, was Sie sich davon versprechen.

Bircher: Ich möchte zunächst vorausschicken, dass wir bisher nicht allzuviel auf diesem Gebiet getan haben. Wir haben uns bis jetzt vorwiegend auf die Arbeit unserer Vertreter verlassen und auf deren persönliche Kontakte zu den einzelnen Händlern, an die wir liefern. Über Werbebriefe an Einzelhandelsgeschäfte und Anzeigen in Händlerzeitschriften sind wir kaum hinausgekommen. Ich meine nun, dass wir auch Verbraucherwerbung treiben sollten und denke dabei vor allem daran, dass wir unseren Händlern Dias zur Einschaltung in örtlichen Kinos und Rahmenanzeigen für die Lokalpresse zur Verfügung stellen sollten.

Direktor Schneider: Bitte Herr Hahn, Sie wollten etwas sagen.

Hahn: Was würde denn in diesen Anzeigen beziehungsweise Lichtbildern gesagt werden?

Bircher: Wir müssten zunächst für drei oder vier unserer wichtigsten Artikel werben, und zwar so, dass einerseits der Markenname, anderseits der Name des Einzelhändlers erscheint.

Hahn: Das ist aber sehr teuer.

Bircher: Über die Kosten müssen wir uns noch unterhalten.

Kuchler: Ich habe starke Bedenken gegen diese Pläne. Wie wir alle wissen, treibt die Markenartikelindustrie eine starke Verbraucherwerbung auf unserem Sektor. Ich wüsste im Augenblick kein Produkt, das wir führen, für das der Hersteller nicht bei der Verbraucherschaft wirbt. Glauben Sie wirklich, dass wir mit unseren bescheidenen Mitteln angesichts dieser massiven Industriewerbung irgendwelche Erfolge erzielen können?

Bircher: Ich hoffe es.

Fritz: Ich habe noch einen anderen Einwand. Die von Ihnen vorgeschlagenen Massnahmen, Herr Bircher, setzen die Mitwirkung unserer Händler voraus. Ist diese Voraussetzung wirklich gegeben? Bedenken Sie, dass wir überwiegend kleine Einzelhandelsgeschäfte als Kunden haben, unter denen viele Gemischtwarenläden sind. Sie werden doch nicht glauben, dass Sie diese Leute zu einer Anzeigen- oder Kinowerbung bewegen können.

Bircher: Wenn der kleine Händler überleben will, muss er auf diesem Gebiet etwas tun.

Fritz: Das mag bis zu einem gewissen Grade richtig sein, aber was glauben Sie, was hier unsere Vertreter an Zeit aufwenden müssten, um die Leute davon zu überzeugen? Das geht auf Kosten der Verkaufszeit. Am Ende führt dann unsere verstärkte Werbung noch zu einem verringerten Umsatz.

Direktor Schneider: Das sind doch sehr gewichtige Einwände gegen Ihre Pläne, Herr Bircher. Wollen Sie noch etwas dazu sagen, Herr Wirth, Sie haben sich doch auch für mehr Werbung ausgesprochen?

Wirth: Ich glaube, dass man diese Fragen einmal mit einigen unserer führenden Vertretern erörtern müsste. Wenn diese die Bedenken von Herrn Fritz, die zugegebenermassen nicht von der Hand zu weisen sind, teilen, brauchen wir die Sache nicht weiter zu verfolgen.

Direktor Schneider: Bitte führen Sie die Besprechung mit den Vertretern, Herr Wirth. Nun können wir zum Vorschlag, mehr Vertreter zu engagieren, übergehen. Würden Sie ihn bitte kurz begründen, Herr Kuhn.

Kuhn: Ich bin davon ausgegangen, dass mehr Umsatz erzielen letzten Endes bedeutet, mehr Kunden gewinnen. Ich glaube nicht daran, dass wir den Umsatz bei unserem jetzigen Kundenstamm ausweiten können. Weiter habe ich mir gesagt, dass heute alle Unternehmen und selbst Privatpersonen von Werbung überschwemmt werden. Sie achten deshalb immer weniger darauf. Wirkung haben nur noch persönliche Kontakte. Die Devise muss also heissen: Neue Kunden durch persönliche Kontakte. Und dazu brauchen wir weitere Vertreter; denn unser bisheriger Vertreterstab kann das nicht leisten.

Müller: Wir arbeiten ja bisher nur im süddeutschen Raum und in Hessen. Heisst das, dass wir unser Verkaufsgebiet erweitern sollen?

Kuhn: Sehr richtig. Wir müssen versuchen, weitere Gebiete zu erschliessen, und ich denke hierbei insbesondere an Rheinland-Pfalz und Niedersachsen.

Müller: Dazu müsste aber erst geprüft werden, ob wir überhaupt für alle unsere Artikel die Verkaufserlaubnis in diesen Gebieten erhalten, sonst würde der Verkauf doch sehr kompliziert werden.

Direktor Schneider: Würden Sie das bitte für unsere Hauptartikel prüfen, Herr Müller?

Müller: Ja, gerne.

Kuchler: Das Hauptproblem bei dieser Angelegenheit wird aber sein, wie wir zu neuem Personal kommen sollen, und wir wissen ja alle, wie schwierig es ist, neue Mitarbeiter zu bekommen, zumal gute.

Kuhn: Darüber habe ich mir selbstverständlich auch schon Gedanken gemacht. Die Personalwerbung müssten wir selbstverständlich grosszügig inszenieren. Ich dachte an Anzeigen in der «Frankfurter Allgemeinen».

Bircher: Und was wollen Sie den Leuten bieten?

Kuhn: Man muss schon ein interessantes Angebot machen.

Bircher: Und hier, glaube ich, ist der springende Punkt bei diesem Vorschlag. Unsere Vertreter arbeiten bisher, abgesehen von einem festen Reisespesenzuschuss, der aber nicht gerade hoch ist, auf Provisionsbasis. Ich meine, dass man heute, wenn man gute neue Aussendienstmitarbeiter bekommen will, ein attraktives Festgehalt bieten muss, und das geht nicht, weil wir dann die Bedingungen mit allen Vertretern ändern müssten. Das gäbe sicher sehr viel Unruhe und Vertriebsprobleme und würde wohl auch erhebliche zusätzliche Kosten verursachen.

Kuhn: Ich bin nicht der Auffassung, dass man nur noch durch Angebot eines hohen Festgehalts Vertreter anwerben kann. Ein wirklich guter Vertreter weiss, dass er durch seinen Einsatz auf Provisionsbasis in der Regel mehr verdienen kann.

Direktor Schneider: Da muss ich Ihnen beipflichten. Die Frage, ob Festgehalt oder Provision für potentielle neue Vertreter attraktiver ist, hängt vom Vertretertyp ab. Aber dennoch hat Herr Bircher mit seinem Einwand einen wichtigen Punkt berührt, nämlich die Frage: Können wir den neuen Mitarbeitern überhaupt einen so hohen Verdienst bieten, dass Sie bei den vielen Arbeitsmöglichkeiten, die bestehen, gerade zu uns kommen? In diesem Punkte habe ich meine Bedenken, weshalb ich auch den Vorschlag zur Sortimentserweiterung auf die Tagesordnung gebracht habe.

Hahn: Darf ich dazu etwas aus meinen Erfahrungen im Umgang mit unseren Vertretern sagen. Insbesondere die Jüngeren unter ihnen sind nicht zufrieden mit dem Verdienst, und ich glaube, wenn Sie nicht ein so angenehmes Arbeiten hätten, wäre mancher schon ausgeschieden. Und was hatten wir nicht bisher für Mühe, einen Reisenden, der gekündigt hatte, zu ersetzen!

Direktor Schneider: Auch ich kenne die Situation aus Gesprächen mit Vertretern recht gut und daraus resultieren auch meine Pläne zur Sortimentserweiterung. Ich bin der Überzeugung, dass eine Ausdehnung unserer Arbeit über weitere Teile des Bundesgebietes und somit eine Ausweitung unseres Vertreternetzes zwar auf lange Sicht unbedingt erforderlich ist, aber erst sinnvoll in Angriff genommen werden kann, wenn wir unser Sortiment so erweitern, dass wir wirklich attraktive Provisionen zahlen können. Die Frage einer Ausweitung unseres Verkaufsgebietes sollte bis zur Lösung dieses Problems zurückgestellt werden. Ist jemand von Ihnen anderer Ansicht? — Niemand. Dann wollen wir das Thema Sortimentserweiterung besprechen.

Hirner: Eine Frage noch, Herr Direktor. Soll der Auftrag an Herrn Müller, die rechtliche Situation bezüglich der Übernahme neuer Verkaufsbezirke zu prüfen, aufrechterhalten bleiben?

Direktor Schneider: Das können wir auch zurückstellen. Wir wissen ja nicht, wie lange wir brauchen, um zu einem besseren Sortiment zu kommen. Die von mir ins Auge gefasste Sortimentserweiterung soll, wie schon angedeutet, einmal dazu dienen, den Vertretern ein besseres Einkommen zu verschaffen, um unseren jetzigen Vertreterbestand zu sichern und die Basis für eine Erweiterung zu legen; zum anderen muss es unseren Umsatz ausweiten und selbstverständlich auch den Gewinn erhöhen. Aus den Gesprächen mit unseren Vertretern ist mir klar geworden, dass im Sektor Putz- und Waschmittel, in dem wir jetzt ausschliesslich tätig sind, keine Expansionsmöglichkeiten mehr für uns bestehen. Wir müssen also in eine neue Sparte einsteigen, die freilich artverwandt sein muss. Was meinen Sie dazu, meine Herren?

Müller: Ich finde den Gedanken sehr gut, Herr Direktor. An welche Branche hatten Sie gedacht?

Direktor Schneider: Über diesen Punkt müssen wir uns noch näher unterhalten. Zunächst interessiert mich, ob jemand grundsätzliche Bedenken hat? Niemand? Doch Sie, Herr Bircher?

Bircher: Nein, ich wollte nur sagen, dass wir aber nur Artikel aufnehmen sollten, die unsere jetzigen Abnehmer führen, damit wir nicht gezwungen sind, uns ganz neue Kundenkreise zu erschliessen.

Direktor Schneider: Das habe ich auch erwogen. Das ist meine unabdingbare Forderung für die Wahl der neuen Artikel, dass sie im Rahmen unseres jetzigen Kundenstammes abgesetzt werden können. Ich habe zum Beispiel an irgendwelche Textilien gedacht; wir haben ja sehr viel Textilwarengeschäfte unter unseren Beziehern und auch unsere Gemischtwarenläden führen durchweg Textilien. Selbst ein grosser Teil unserer Lebensmitteleinzelhändler hat bestimmte Textilien als Nebensortiment oder würde diese zumindest, glaube ich, ohne weiteres aufnehmen, wenn wir interessante Bedingungen bieten könnten. Auch die Details dieser Angelegenheit können wir heute nicht besprechen. Ich möchte dafür einen Ausschuss einsetzen.

Fritz: Sollte man nicht eine Umfrage bei den Vertretern veranstalten, welche Artikel diese für am geeignetsten halten?

Direktor Schneider: Diesen Vorschlag finde ich gut. Man müsste aber, damit wir nicht zu vage Antworten bekommen, einen durchdachten Fragebogen entwerfen. Könnten Sie das machen, Herr Hirner?

Hirner: Ja.

Direktor Schneider: Ich möchte auch, dass Sie den Ausschuss leiten und dass Sie, Herr Bircher, Herr Kuhn und Herr Fritz je einen tüchtigen Mann aus Ihrer Abteilung dafür benennen. Die erste Arbeit dieses Ausschusses ist die Auswertung der Vertreterfragebogen. Darüber ist schriftlich zu berichten, mit Durchschrift an alle Teilnehmer dieser Sitzung. Ausserdem soll der Ausschuss eine eigene Stellungnahme zur Wahl der neuen Artikel vorlegen, und zwar unter dem Gesichtspunkt der guten Verkäuflichkeit. Wir dürfen allerdings nicht zu viele neue Artikel aufnehmen, sonst würden wir uns zersplittern. Dann muss der Ausschuss noch für die von ihm zur Aufnahme vorgeschlagenen und für die von den Vertretern empfohlenen Artikel prüfen, ob wir sie tatsächlich bekommen können und zu welchen Bedingungen. Hier möchte ich Sie, Herr Fritz vom Einkauf, bitten, bei der Auswahl der möglichen Lieferanten mitzuwirken. Die zusammenfassende Übersicht mit den empfohlenen Artikeln, den zunächst vorgesehenen Lieferanten und den jeweiligen Handelsspannen, die allen Anwesenden zugeht, ist dann Grundlage für eine weitere Abteilungsbesprechung, bei der wir hoffentlich zu einer Entscheidung kommen. Damit wäre diese Frage wohl geklärt. Oder möchte jemand noch etwas dazu sagen? Da es schon ziemlich spät geworden ist und ich heute abend noch einen Geschäftsfreund erwarte, möchte ich darum bitten, den nächsten Besprechungspunkt, wie lautet er doch?

Hirner: Reorganisation des Post- und Zeitschriftenumlaufs.

Direktor Schneider: Ja, richtig; also diesen Punkt bitte ich zu vertagen. Ich danke Ihnen für Ihre Mitarbeit, meine Herren.

———————————

Lösung aus der Geschäftspraxis:

Protokoll Nr. 24 zur Abteilungsleiterbesprechung vom 25. 11. 19. .

Anwesend:	Herren Direktor Schneider (Vorsitzender)
	Bircher
	Fritz
	Hahn
	Kuchler
	Kuhn
	Müller
	Wirth
	Hirner (Protokollführer)
Tagesordnung:	1. Massnahmen zur Umsatzsteigerung
	2. Reorganisation des Post- und Zeitschriftenumlaufs.

Sitzungsverlauf

1. Massnahmen zur Umsatzsteigerung

1.1 Umsatzsteigerung durch verstärkte Werbung
Die vorgeschlagenen Massnahmen zielen auf Verbraucherwerbung durch Dias und Anzeigen unter Mithilfe der Händler ab. Neben den Bedenken, ob die Verbraucherwerbung durch die Grosshändler angesichts der starken Industriewerbung überhaupt sinnvoll ist, besteht das Problem, ob die Händler zur Mitarbeit bereit sind beziehungsweise ohne grossen Zeitaufwand dafür gewonnen werden können. Herr Wirth wurde beauftragt, diese Fragen in Besprechungen mit den führenden Vertretern zu klären.

1.2 Umsatzsteigerung durch Gewinnung neuer Vertreter
Diesem Vorschlag liegt die Überlegung zugrunde, dass Umsatzsteigerung nur durch Werbung neuer Kunden möglich ist und dass dazu weitere Vertreter gewonnen werden müssen. Gleichzeitig ist eine Ausdehnung der Betriebstätigkeit auf weitere Teile der Bundesrepublik erforderlich. Die vertriebsrechtlichen Voraussetzungen dazu müssten noch geklärt werden. Der Haupteinwand gegen den Vorschlag lautet, dass zuerst bessere Verdienstmöglichkeiten für die Vertreter geschaffen werden müssen, was durch Sortimentserweiterung erreicht werden soll. Die An-

werbung neuer Mitarbeiter und Ausdehnung des Verkaufsgebietes wurden deshalb bis dahin zurückgestellt.

1.3 Umsatzsteigerung durch Sortimentserweiterung
Im Sektor Putz- und Waschmittel bestehen keine Expansionsmöglichkeiten mehr; es ist daher eine Sortimentserweiterung notwendig. Allerdings dürfen nur solche Artikel neu aufgenommen werden, die im Rahmen des jetzigen Kundenstammes abgesetzt werden können, zum Beispiel Textilien. Ausserdem dürfen nicht zu viele neue Produkte aufgenommen werden, damit keine Zersplitterung des Vertriebs eintritt. Das Nähere soll ein Ausschuss klären, der aus drei Mitgliedern und einem Vorsitzenden, Herrn Hirner, besteht. Die Herren Bircher, Kuhn und Fritz melden für den Ausschuss je einen Mitarbeiter. Als Grundlage für die Arbeit des Ausschusses soll eine Umfrage bei den Vertretern über Sortimentserweiterung dienen; den Fragebogen dazu entwirft Herr Hirner. Dem Ausschuss wurden folgende Aufgaben gestellt:

1. Auswertung der Vertreterfragebogen und schriftlicher Bericht darüber an Geschäftsleitung und Abteilungsleiter.
2. Ausarbeitung einer eigenen Stellungnahme zur Wahl der neuen Artikel unter dem Gesichtspunkt ihrer guten Verkäuflichkeit.
3. Prüfung, ob die von den Vertretern und vom Ausschuss vorgeschlagenen Artikel bezogen werden können und zu welchen Bedingungen.
4. Erstellung eines zusammenfassenden Berichts über die empfohlenen Artikel, die dafür vorgesehenen Lieferanten (hierbei arbeitet Herr Fritz mit) und die erzielbaren Handelsspannen an Geschäftsleitung und alle Abteilungsleiter.

2. Reorganisation des Post- und Zeitschriftenumlaufes
Dieser Besprechungspunkt wurde vertagt.

Frankfurt, den 2. 12. 19. .

Der Geschäftsführer   Der Protokollführer
Schneider   Hirner

Kritik: Hier hätte ein Beschlussprotokoll verfasst werden müssen.

Beschlussprotokoll Nr. 24 zur Abteilungsleiterbesprechung vom 25. 11. 19. .

Anwesend: Herren Direktor Schneider (Vorsitzender)
Bircher
Fritz
Hahn
Kuchler
Kuhn
Müller
Wirth
Hirner (Protokollführer)

Tagesordnung: 1. Massnahmen zur Umsatzsteigerung
2. Reorganisation des Post- und Zeitschriftenumlaufs

---

1. Massnahmen zur Umsatzsteigerung

1.1 *Herr Wirth* wird die führenden Vertreter befragen, ob sich die Händler für eine Verbraucherwerbung gewinnen lassen, wenn wir ihnen Dias für die örtliche Kinoreklame und Rahmenanzeigen für die Lokalpresse zur Verfügung stellen.

1.2 Sobald die Sortimentsfrage entschieden ist, wird *Herr Müller* abklären, ob wir auch in Rheinland-Pfalz und Niedersachsen eine Verkaufserlaubnis für unsere Artikel erhalten können.

1.3 *Herr Hirner* wird einen Fragebogen entwerfen, mit dem die Meinung der Vertreter über die Art der neu ins Sortiment aufzunehmenden Artikel eingeholt wird.
Ein Ausschuss, bestehend aus Herrn Hirner (Vorsitz) und drei von den Herren Bircher, Kuhn und Fritz zu bezeichnenden Mitarbeitern, wird
— den Vertreterfragebogen auswerten und der Geschäftsleitung sowie den Abteilungsleitern schriftlich Bericht erstatten
— einen schriftlichen Vorschlag zur Sortimentserweiterung ausarbeiten auf Grund von Voruntersuchungen über Erhältlichkeit, Handelsspanne und Verkäuflichkeit der ausgewählten Artikel.

Herr Fritz wird bei der Auswahl der möglichen Lieferanten mitwirken (mithelfen)

Da der Vorschlag Arbeitsgrundlage für die nächste Abteilungsleiterbesprechung ist, muss er den Teilnehmern so rasch als möglich zugestellt werden.

2. Reorganisation des Post- und Zeitschriftenumlaufs

Dieser Besprechungspunkt wird erst an der nächsten Sitzung zur Sprache kommen.

Frankfurt, 2. 12. 19 . .

Der Geschäftsführer   Der Protokollführer
Schneider   Hirner

12 Anhang: Musterbeispiele

12.1 Beschlussprotokoll

Beschlussprotokoll Nr. 16
Sitzung der Geschäftsleitung vom 8. März 19. .

Anwesend:	Herr Breitenmoser (Vorsitz)
	Herr Anderegg
	Herr Moser
	Herr Niedegger
	Herr Ruckstuhl
	Herr Weber
	Frl. Isenegger (Protokoll)
Abwesend entschuldigt:	Herr Künzi
	Herr Oppliger
Abwesend unentschuldigt:	—
Traktanden:	1. Protokoll der Februar-Sitzung
	2. Monatsbericht des Präsidenten
	3. Kredit von 620 000.— für den Ausbau einer Kantine
	4. Verschiedenes

1. Richtigstellung Seite 3, 4. Abschnitt:
   «Für die Vertreter sind sparsamere Fahrzeuge angemessen. Die höheren Angestellten allein brauchen Repräsentationswagen.»
2. Die Kontrollstelle erhält den Auftrag, die Verhandlungen im Zusammenhang mit dem Kauf einer Liegenschaft an der Weinbergstrasse nachzuprüfen.
3. Wir werden im Keller eine Küche und eine vom Volksdienst geführte Kantine einrichten. Dafür steht uns ein Kredit von 550 000.— zur Verfügung. Der Vorsitzende wird an der näch-

sten Sitzung ein Projekt vorlegen, in dem alle Beträge für den Umbau und die Mobiliarbeschaffung getrennt aufgeführt sind.

Ausserdem wird er abklären, ob und wie Verpflegungsverträge mit anderen Firmen abgeschlossen werden könnten.

An der nächsten Sitzung soll entschieden werden, ob über den Antrag, keine Konkurrenz zu verpflegen, nochmals abgestimmt werden soll.

4. —

Zürich, 9. März 19 . .   U. Breitenmoser   S. Isenegger
                                 Vorsitzender   Protokollführerin

12.2 Kurzprotokoll

Protokoll Nr. 107
der Verwaltungsratssitzung vom Mittwoch, 20. Januar 19 . .

Anwesend vom Verwaltungsrat:	H. Stoffer, Präsident, Vorsitz
	Dr. Bieri, Vizepräsident
	H. Berger, Dr. Germann,
	Prof. Dr. Mötteli, Dr. Moser,
	Dr. Schindler, W. Stoffel
Anwesend von der Direktion:	Dr. Amsler, B. Bacher,
	R. Vetterli, M. Zubler
Protokollführer:	Dr. Bürgi

Traktanden:
1. Protokoll Nr. 106 der Verwaltungsratssitzung vom 20. 9. 19 . .
2. Betriebsbericht 19 . .
3. Beteiligung bei Pink, Manchester
4. Verschiedenes

Vor Beginn der eigentlichen Tagesordnung fasste der Verwaltungsrat folgende Beschlüsse:

A   Herr Dr. Bürgi wird zum Direktor der neugeschaffenen Abteilung für Gruppenverwaltung ernannt.

B   Herr Oberingenieur Matter wird als Nachfolger von Dr. Bürgi Protokollführer und Sekretär des Verwaltungsrates.

C   Die Tantieme für 19 . . wird auf 8000.— erhöht.

---

1. Das Protokoll Nr. 106 wurde unverändert genehmigt.
2. Dr. Amsler berichtete über das vergangene Geschäftsjahr:
2.1 Produktivstunden: Infolge der Konjunkturdämpfungsmass-
nahmen wurden in unserem Betrieb 60 000 Stunden oder
3,8 Prozent weniger gearbeitet, als budgetiert worden war.
Dieses Manko geht zu Lasten der Kesselschmiede und der
Maschinenfabrik.
2.2 *Personal:* Der *Arbeiterbestand* hat um 111 zugenommen. Der
Arbeiterwechsel liegt mit 22 Prozent nahezu 10 Prozent unter
dem Landesdurchschnitt. Bereits 31,5 Prozent unserer Belegschaft sind Fremdarbeiter, was sich auf die Qualität der Er-
zeugnisse leider nachteilig auswirkt. Die *Arbeitslöhne* sind
im vergangenen Jahr um 7,5 Prozent gestiegen und erzielten
damit einen unrühmlichen Rekord. Der *Ausbildung* des Be-
triebskaders wurde weiterhin grosse Beachtung geschenkt.
16 Arbeiter besuchten die Meisterschule in Winterthur, 7
den Akkordantenkurs an der ETH. Zudem schärfte ein be-
triebsinterner Kaderkurs den Sinn unserer Vorarbeiter für
rationelles Arbeiten. Da sich auf Arbeiterseite seit einiger
Zeit gewisse Tendenzen gegen die Akkordarbeit bemerkbar
gemacht haben, werden gegenwärtig die *Akkordgrundlagen*
nach neuesten Methoden neu berechnet.
2.3 *Neukonstruktionen.* Das Konstruktionsbüro war dieses Jahr
hauptsächlich mit dem Bau der grossen Drehbank beschäftigt, die 19.. in Betrieb genommen werden soll. Im Zusammenhang mit der Stützwellenlagerung wurden zwei neue Pa-
tente angemeldet.
2.4 *Bauwesen.* Die Planungsgruppe und das Baubüro waren ausschliesslich mit dem neuen Bürogebäude beschäftigt, welches im Oktober rechtzeitig unter Dach gekommen ist.
Diskussion. Der *Vorsitzende* ergänzte: Wir beschäftigen nicht
mehr Arbeiter als vor 10 Jahren; an der Überfremdung trifft
uns daher keine Schuld. Zudem prüfen wir bei jedem Auftrag, ob er nicht von einer unserer ausländischen Tochter-
firmen ausgeführt werden kann.
Prof. Dr. Mötteli bedauerte den geringen Erfolg des Aufrufes
des Arbeitgeberverbandes, die Arbeiterzahl nicht zu erhöhen.
Er befürchtet einen staatlichen Eingriff. Bei den Löhnen
musste der AGV immer wieder Zugeständnisse an die Ge-
werkschaften machen, weil sie sich sonst gegen die Herein-
nahme von soviel Fremdarbeitern zur Wehr gesetzt hätten.

Dr. Moser sieht in der wachsenden Fremdarbeiterzahl keine Gefahr, denn vor 1914 waren prozentual mehr Fremdarbeiter in der Schweiz beschäftigt als heute. Wenn wir zuwenig Arbeiter haben, steigen die Löhne ins Untragbare an.

3. Die Verträge mit dem Hadfields Konzern befinden sich gegenwärtig zur Gegenzeichnung bei uns; die Presse kann nun über den Erwerb der Aktienmehrheit bei Pink unterrichtet werden. Noch nicht gelöst sind die Probleme im Zusammenhang mit dem Erwerb der Belle-Pink, der Beteiligungsfirma von Pink in Frankreich. M. Dupré, Inhaber von 50 Prozent der Aktien dieser Firma, bot uns seine Papiere bisher nur zu überhöhten Preisen an. Da wir an Belle-Pink nicht gleich interessiert sind, scheint es klug, zuzuwarten. Für die Übernahme der Firmen Pink und möglicherweise auch Belle-Pink benötigen wir 20 Millionen Franken. Da andere Finanzierungsmöglichkeiten fehlen und um die Liquiditätsreserve nicht angreifen zu müssen, schlug der *Vorsitzende* folgende Kapitalbeschaffung vor:

Ausgabe von 20 000 Aktien Serie B	
Nennwert 100.—, pari	2 000 000.—
Bezugsrecht 10 Prozent	
Ausgabe von 10 000 Aktien Serie A	
Nennwert 500.— Ausgabekurs 350 Prozent	17 500 000.—
	19 500 000.—

Diese Finanzierungsart wird uns bei künftigem Kapitalbedarf die Emission einer Obligationenanleihe erleichtern.

Diskussion: Dr. Bieri unterstützte die Kapitalaufstockung. Da unsere Tochtergesellschaften im Ausland in den letzten Jahren stark ausgebaut wurden und seither knapp an flüssigen Mitteln sind, müssen wir uns in der Schweiz eine starke finanzielle Basis erhalten, um diesen im Bedarfsfalle aushelfen zu können.

Herr Germann begrüsste die Kapitalerhöhung als entsprechende Korrektur auf der Passivseite der Bilanz, nachdem die Beteiligung bei Pink die Aktivseite stark erhöhen wird.

Herr Prof. Dr. Mötteli beanstandete den Ausgabekurs von 350 Prozent. Er befürchtet, die alten Aktionäre könnten sich dadurch benachteiligt fühlen und ihrem Unmut an der Generalversammlung Ausdruck verleihen.

Beschluss: Der Verwaltungsrat stimmte dem Vorschlag des Vorsitzenden zur Kapitalerhöhung einstimmig zu. Dieser wird Ende März einer ausserordentlichen Generalversammlung unterbreitet.

(Oder Kurzfassung der Diskussion: Nachdem in der anschliessenden Diskussion auch die Herren Bieri, Germann und Mötteli diese Kapitalbeschaffungsart befürwortet hatten, beschloss der VR einstimmig, die vorgeschlagene Kapitalerhöhung Ende März einer ausserordentlichen Generalversammlung zur Genehmigung zu unterbreiten.)

4. —

Zürich, 20. Januar 19 . . Der Vorsitzende: Der Protokollführer
                        gez. Stoffer   gez. Dr. Bürgi

Notizen

Notizen

Taylorix-Wirtschafts-Taschenbücher für Betriebspraxis und Berufserfolg

Jeder Band umfaßt etwa 120 Seiten. Zu beziehen durch den Buchhandel.

 Taylorix Fachverlag Stuttgart